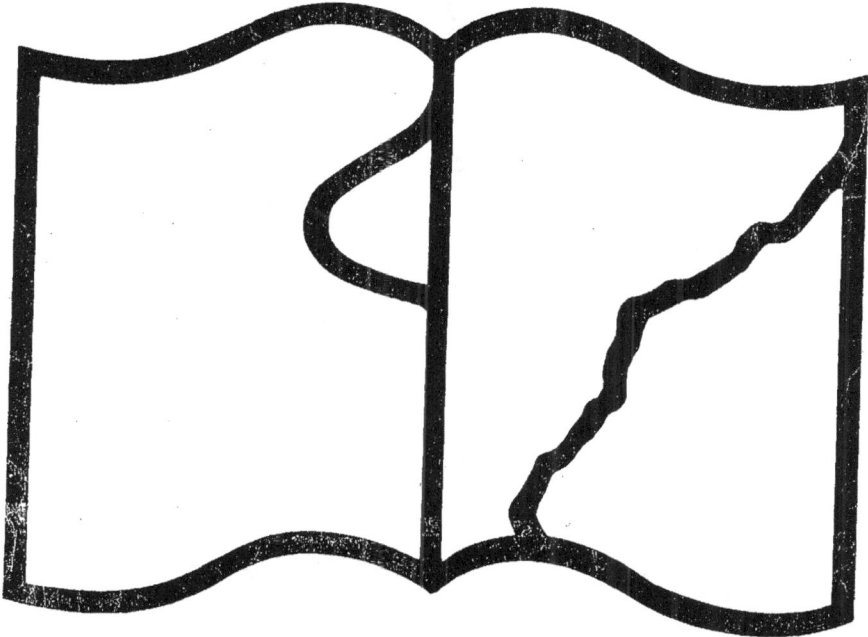

Texte détérioré — reliure défectueuse

NF Z 43-120-11

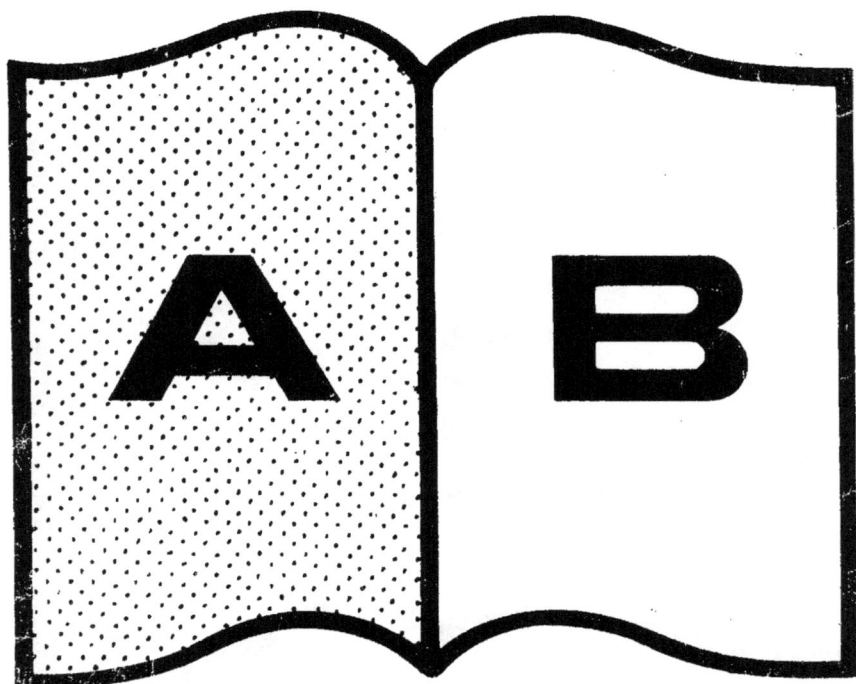

Contraste insuffisant

NF Z 43-120-14

LES

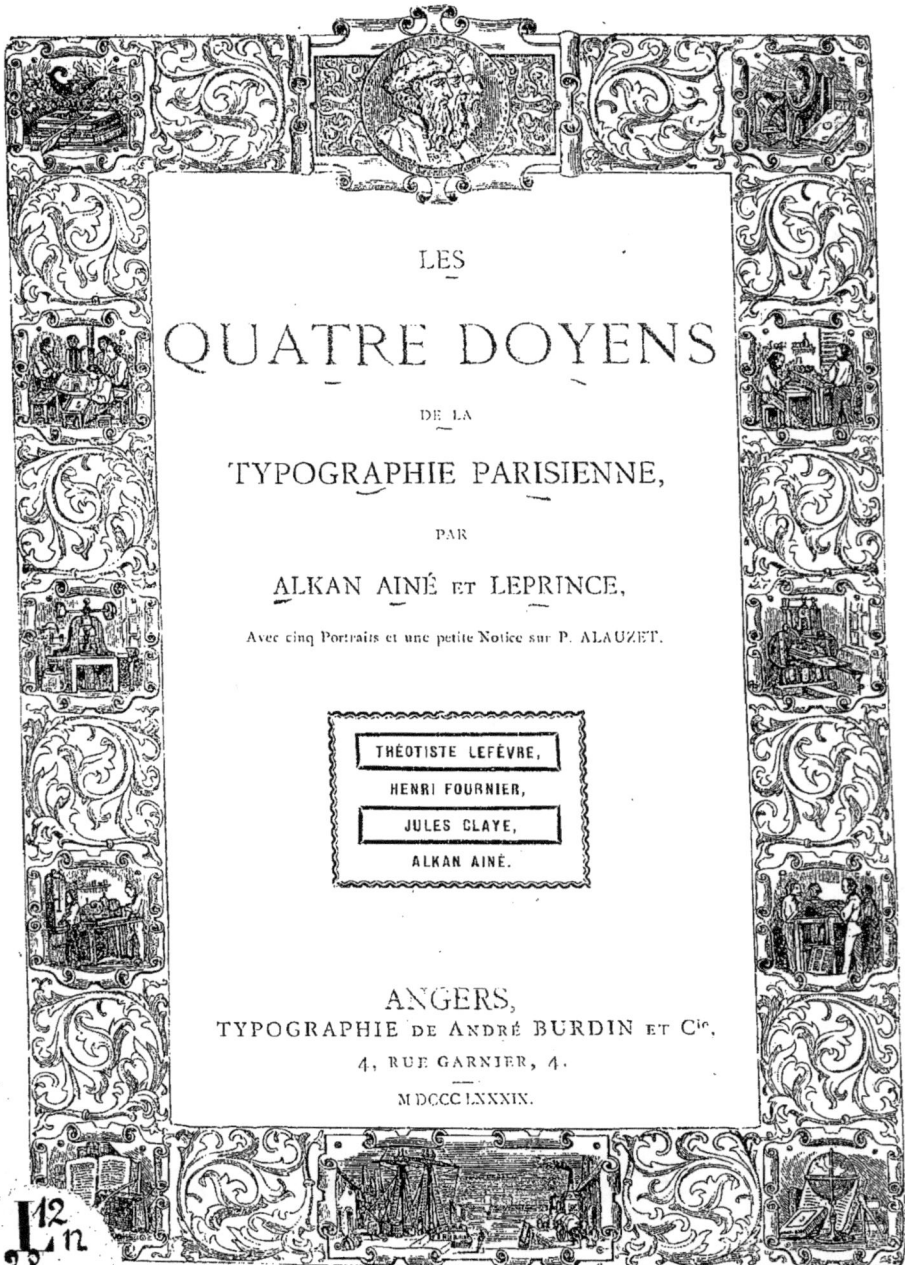

QUATRE DOYENS

DE LA

TYPOGRAPHIE PARISIENNE,

PAR

ALKAN AINÉ et LEPRINCE,

Avec cinq Portraits et une petite Notice sur P. ALAUZET.

THÉOTISTE LEFÉVRE,

HENRI FOURNIER,

JULES CLAYE,

ALKAN AINÉ.

ANGERS,

TYPOGRAPHIE DE ANDRÉ BURDIN ET Cie,

4, RUE GARNIER, 4.

M DCCC LXXXIX.

LES

QUATRE DOYENS

DE LA

TYPOGRAPHIE PARISIENNE,

PAR

ALKAN AINÉ ET LEPRINCE,

Avec cinq Portraits et une petite Notice sur P. ALAUZET.

———————— ••• ————————

ANGERS,

TYPOGRAPHIE DE ANDRÉ BURDIN ET Cie,

4, RUE GARNIER, 4.

M DCCC LXXXIX

A LA MÉMOIRE

DE

HENRIETTE ALKAN,

LA MEILLEURE DES ÉPOUSES,

D'UN DÉVOUEMENT RARE POUR LES SIENS,

DOUCE ET BIENVEILLANTE ENVERS TOUT LE MONDE,

ET REGRETTÉE DE TOUS CEUX QUI L'ONT CONNUE,

QUI S'INTÉRESSAIT BEAUCOUP A LA PRÉSENTE PUBLICATION.

AVERTISSEMENT.

Notre projet de publier les QUATRE DOYENS DE LA TYPOGRAPHIE PARISIENNE était arrêté avec nos anciens et bons amis Jules Claye et Théotiste Lefèvre, lorsque la mort est venue les frapper. Avec ce dernier, nous correspondîmes jusqu'à sa fin; il nous écrivait encore étant couché pour ne plus, hélas! se relever. Il choisit même une photographie pour la reproduction. Quant à Claye, nous le vîmes encore quelques jours avant son décès. Il nous reconduisit jusqu'à la porte, et, en passant par une chambre contiguë à son cabinet de travail, il nous serra affectueusement la main, et, en nous montrant un cartonnier pour écrire debout, il ajouta: « Je vous lègue toute ma correspondance. » Il nous l'avait déjà donnée par écrit quelques semaines avant sa mort, et nous sommes toujours comme la sœur Anne.

Claye est mort le 6 juillet de l'année dernière, et Théotiste (comme on l'appelait en général dans la typographie) le 6 novembre de la même année.

M. JOUSSET, très ému, a prononcé sur la tombe de
CLAYE un remarquable discours, en sa qualité de Président de la Chambre syndicale des imprimeurs; puis les
nombreux amis du défunt ont entendu celui, non
moins bien senti, de BOUDET, dont la Société Fraternelle des protes déplore la perte récente. BOUDET était un
écrivain distingué, poète à ses heures, d'une verve facile.

Les quatre portraits ont été exécutés par la photo-
gravure de MICHELET, que l'on trouve toujours gracieux
lorsqu'il s'agit de rendre service.

Quant à l'impression, nous en sommes redevable à
M. André BURDIN, cet excellent collègue, sans cesse
amoureux de son art, qui est parvenu, par la force de
sa volonté, à monter à Angers, en quelques années,
un établissement qui peut lutter avec les premières
imprimeries de Paris, et par son personnel et par les
soins apportés à tout ce qui sort de cette maison, véritable usine typographique.

Hâtons-nous d'ajouter à tout ce qui précède que
l'idée de consacrer notre plume à ces Notices appartient
à M. Schmidt, imprimeur à Paris. Nous le rencontrâmes
un jour dans la rue des Saints-Pères, à quelques pas de
son établissement. « Vous devriez bien, nous dit-il, faire
une notice sur les doyens de la typographie. » Ce projet
nous sourit, et nous nous mîmes de suite à l'œuvre.
M. Schmidt s'était même proposé de se charger de
l'impression, mais il n'a pas dépendu de sa volonté de
pouvoir le faire de suite, en temps opportun. Dans l'in-

tervalle, hélas! CLAYE et Théotiste sont descendus dans
la tombe, et notre célèbre typographe FOURNIER vient de
décéder à Tours, dans la maison paternelle, qu'il venait,
dans un pieux souvenir filial, de réhabiter, comme il
nous l'écrivait peu de temps avant sa mort.

ALKAN AINÉ.

PIERRE-THÉOTISTE LEFÈVRE.
17 Septembre 1798 — 7 Mars 1887.

LES QUATRE DOYENS

DE LA

TYPOGRAPHIE PARISIENNE

I.

PIERRE-THÉOTISTE LEFÈVRE.

> C'est aux personnes qui étudient
> pour apprendre, plutôt qu'à celles
> qui savent, que tout travail didac-
> tique est particulièrement adressé.
> THÉOTISTE LEFÈVRE.

Nous allons commencer par le premier doyen de la
typographie parisienne, hélas! le plus âgé, puisqu'il a
commencé, depuis quelques jours, sa quatre-vingt–
neuvième année, et nous finirons par le plus jeune,
l'auteur des trois premières notices, aujourd'hui dans
sa quatre-vingtième année. Il n'est pas non plus, lui, de
la première jeunesse.

Pierre-Théotiste Lefèvre est né à Paris, le 17
septembre 1798. Élève de son père à l'âge de douze
ans, d'abord comme apprenti et ensuite en qualité de
simple ouvrier, mais de ces ouvriers comme on n'en
voit guère, comme on n'en voit plus, imprimeur
associé avec S.-A. Hugelet, supprimé lors du décret
qui réduisit le nombre des imprimeries parisiennes,
Théotiste, comme on l'appelle communément, a
donc débuté jeune dans l'imprimerie; il est par consé-

quent l'artisan de ses propres œuvres, on peut le dire,
et l'on est émerveillé lorsqu'on voit la brillante carrière
qu'il a successivement parcourue, à peine sorti de
l'adolescence.

Il est resté dix ans chez Eberhart[1], l'imprimeur le
plus gêné de France et de Navarre, qui tirait toujours le

---

1. Eberhart avait son imprimerie dans la rue du Foin-Saint-Jacques (ainsi
nommée afin de n'être pas confondue avec la rue du Foin-au-Marais), presqu'à
côté de la caserne d'infanterie alors établie au nº 16.

Cette rue, longue et étroite voie, était encore occupée, en 1845, jusqu'à sa
suppression, par plusieurs industries ayant rapport avec l'imprimerie ou les
branches qui en dépendent. — Au nº 8 se trouvait la librairie de théologie de
Toulouse, mort aveugle dans la rue Cassette, où il était venu se fixer. Son
gendre, Taranne, lui a succédé, mais n'a pas marché, commercialement
parlant, sur les traces de son beau-père ; la veuve Toulouse est décédée il y a
très peu de temps. — Au nº 10 était établie la fabrique d'encre d'imprimerie
d'Amand Favre ; elle avait une certaine vogue, à une époque où l'on était bien
moins difficile qu'aujourd'hui. — Au nº 11, la librairie de Langlumé et
J. Pelletier. Lorsqu'ils se séparèrent, Langlumé se fixa dans l'immeuble qu'il
venait d'acquérir, rue des Poitevins, et s'adonna à l'escompte. — Au nº 13,
l'imprimerie en taille-douce de Rémond fils. — Au nº 15 demeurait Bradel
jeune, qui a donné son nom au genre de reliure utile et quelquefois, si l'on
voulait, provisoire ou conservateur, dont la vogue se continue encore aujour-
d'hui, et nous trouvons Flault, imprimeur en taille-douce, dans la même maison. — Enfin au nº 18, Gros, imprimeur de la cour et des tribunaux ; il était
Alsacien, et, comme tel, un peu brusque et grossier ; il avait épousé, croyons-
nous, la fille de Gratiot, son prédécesseur.

Gratiot était d'une violence extrême. Un jour, à la suite d'une discussion
un peu vive, il lui prit la fantaisie de jeter son associé par la fenêtre. Heureusement que ses bureaux étaient établis à l'entresol ! Il mettait au bas de ses
impressions : *Maison de la Reine-Blanche*. Elle devait donner asile à deux
imprimeurs brutaux.

En 1846, Schiller, prote de Gros, fait en même temps commerce de four-
nitures d'imprimerie, et le nº 18 est de plus occupé par A. Jenotte, graveur-
géographe, et par Porcher et Cie, fabricants de papiers à calquer.

En 1844, nous trouvons, au nº 12, Pelletier père et fils, comme imprimeurs-
libraires, et au nº 9, Lecomte, papiers en gros.

Eberhart, qui nous occupe, fait son imprimerie en 1830, au nº 12. Un
Almanach des vingt-cinq mille adresses, par Dulau, le nomme Eberhart fils.

Nous trouvons dans le *Dictionnaire historique des rues de Paris*, par de la
Tynna, Paris, 1817, qu'au nº 14 est l'hôtel vulgairement appelée de la *Reine*

diable par la queue. Imprimeur du Collège de France, il avait pour spécialité les ouvrages en langue hébraïque ; aussi avait-il la clientèle du consistoire israélite.

Blanche ; il paraît être du XIII⁰ siècle. On voit, à gauche de la porte d'entrée, une pierre formant trois degrés, dont on se servait sans doute pour monter à cheval. C'est maintenant une pension de demoiselles.

Nous lisons dans le catalogue du Musée des Thermes et de l'Hôtel de Cluny, sous les numéros 208, 209 à 211 :

« 208. — Porte d'entrée de la maison dite de la Reine-Blanche, rue du Foin-Saint-Jacques, construite sous le règne de Henri II, et démolie en 1858 pour l'ouverture du boulevard Saint-Germain et le dégagement du Musée des Thermes et de l'Hôtel de Cluny.

« La maison de la Reine-Blanche, située rue du Foin-Saint-Jacques, à l'angle de la rue Boutebrie, possédait une très jolie porte donnant accès dans les bâtiments, situés au fond d'une cour ouvrant à l'angle des deux rues ; elle possédait, en outre, dans son jardin, trois colonnes destinées à supporter un étage en bois. La rue du Foin-Saint-Jacques passait précisément au milieu de l'espace occupé aujourd'hui par les jardins du Musée.

« Lors de la démolition de la maison de la Reine-Blanche, la charmante porte d'entrée, flanquée de deux colonnes corinthiennes ornées de cannelures, et dont la décoration se compose d'entrelacs, de cartouches et de figures de génies d'une excellente exécution du XVI⁰ siècle, a été démolie et transportée à l'Hôtel de Cluny, où elle a été réédifiée et donne passage de la cour du Musée dans les jardins qui l'entourent. — Hauteur : 3ᵐ,55.

« 209 à 211. — Trois colonnes avec leurs chapiteaux, provenant de la même maison dite de la Reine-Blanche, existant rue du Foin-Saint-Jacques, et démolie en 1858 pour l'ouverture du boulevard Saint-Germain. — XVI⁰ siècle. »

Commercialement parlant, la rue du Foin-Saint-Jacques peut être comparée à la rue Cassette ; mais celle-là a des hôtels, est plus saine, plus aérée et plus distinguée que ne l'était cette première, à cause de sa position topographique, sa proximité du Palais et du jardin du Luxembourg.

M. Théotiste Lefèvre, dans sa Nouvelle classification de la casse française, placée à la fin de son *Recueil complet d'impositions* (1838), s'exprime ainsi à la note 1 :

« Cette classification, qui a reçu la sanction d'un des plus savants imprimeurs *, à l'examen duquel nous l'avions soumise avant sa publication, est

« * J. M. Eberhart, dont la typographie est en deuil. C'est à ses presses qu'on doit le *Xénophon* (grec, latin et français) de M. Gail, véritable chef-d'œuvre, et le plus beau de tous nos livres classiques ; le *Tucydide* (latin, grec et français) et plusieurs autres ouvrages dont la belle exécution

Recommandé d'une manière toute spéciale par un *grand client* de la maison, il s'empressa de nous occuper, encore tout jeune que nous étions. Il nous remit la copie d'un Mathieu Læensberg quelconque et nous en donna en même temps la mise en pages. Ce *labeur* terminé, assez promptement, il nous mit sur un autre ouvrage. Il s'y rencontra un peu de grec, et c'est Théotiste, qui était déjà chargé dans la maison de tout ce qui avait rapport à cette langue étrangère, c'est Théotiste, disons-nous qui apporta ces mots grecs à notre casse. C'était alors un jeune homme fort vif, aux yeux pétillants. Il nous semble le voir encore avec ses couleurs rosées et ses favoris. Il y a longtemps de cela, hélas !

Enfin, voici le quart d'heure de Rabelais arrivé : Eberhart nous devait plusieurs *banques*, et nous ne pouvions en toucher un rouge liard. C'était pourtant un si brave et digne homme que le père Eberhart ! mais nous avions besoin de notre gain, et, afin de ne pas en augmenter le chiffre, nous dûmes quitter ce brave patron, et recourir à notre protection pour en être payé. Il offrit de le faire en deux fois, et nous acceptâmes de grand cœur, ne demandant pas la mort du *besogneux*, car nous étions véritablement peiné de le voir dans cette triste position. Comment eût-il été traité aujourd'hui ?...

adoptée depuis trois ans chez M. Goujon, à Saint-Germain-en-Laye, maison dans laquelle ont été occupés plusieurs compositeurs instruits et habitués à raisonner leur travail : nous ne craignons pas que le jugement qu'ils en ont porté lui soit défavorable. »

a contribué, sinon à faire sa fortune, du moins à établir la haute réputation dont il jouissait.

Ajoutons à la note de M. Théotiste Lefèvre que l'imprimerie d'Eberhart était amplement pourvue en caractères hébreux, grecs, samaritains, syriaques, arabes, allemands, en caractères de musique, de plain-chant et d'algèbre. A cette époque, il n'y avait à Paris que l'imprimerie Dondey-Dupré qui pût rivaliser avec celle d'Eberhart : elle était aussi très bien montée en caractères orientaux.

En quittant Eberhart, Théotiste dirigea pendant sept ans l'imprimerie d'Abel Goujon[1], à Saint-Germain-en-Laye (Seine-et-Oise), puis il entra de suite en qualité de prote chez Gueffier, une maison assez importante pour l'époque, et son voisinage, car il était établi dans la rue Guénégaud, lui *attira* comme client un original fieffé, l'auteur des *Farfadets*[2]. Le frère de Théotiste[3] était employé dans la même imprimerie ; un autre frère s'établit à Rouen (Seine-Inférieure). Ils sont décédés aujourd'hui. De même que Théotiste, celui de Rouen avait la passion du grec, la *bosse*, si l'on veut nous permettre cette expression d'atelier.

Mais le *chevron* de M. Lefèvre fut son entrée dans l'imprimerie de Firmin-Didot, d'abord comme metteur

1. Beau a succédé à Goujon. Le fils de Beau est aujourd'hui imprimeur à Issy (Seine) ; il est, en outre, chargé des pompes funèbres de cette localité, ce qui contribue à procurer à son établissement un produit certain. — A côté de chez lui était établi M. J.-B. Boudet, président de la Société des Protes, plusieurs fois réélu en cette qualité. C'était un habile typographe (voyez l'Avertissement), un poète qui rimait avec beaucoup de facilité. Il fut le principal rédacteur du journal d'Issy. Son fils lui a succédé en qualité d'imprimeur.

L'imprimerie de Saint-Germain a fait, pendant de longues années, une sérieuse concurrence à la capitale, et l'on y a exécuté quelques travaux remarquables.

2. Les *Farfadets*, ou tous les démons ne sont pas de l'autre monde, par Alexis-Vincent-Charles Berbiguier de Terre-Neuve du Thym. Paris, chez l'auteur, rue Guénégaud, no 24, chez P. Gueffier, imprimeur, même rue, no 31, et chez tous les marchands de *nouveautés* des *quatre parties du monde*, 1821, 3 vol. in-8, ornés de huit dessins lithographiés.

L'auteur, ainsi que l'indique son portrait, était né à Carpentras ; il nous apprend, page XIII de la Préface, pourquoi il a ajouté à son nom celui de de Terre-Neuve du Thym, « parce que, dit-il, je ne veux pas qu'on me confonde avec les autres Berbiguier qui ont plaidé contre mon oncle ». Or, c'est ce malheureux procès qui lui a tourné la tête.

Nous avons préparé un travail sur cet halluciné et son livre excentrique, à cause d'un fait qui s'est passé chez nous pendant la Commune, de si sinistre mémoire.

3. Nous devons à l'obligeance ordinaire de M. Lefèvre de posséder un petit tableau généalogique de sa famille. Nous le reproduisons.

On voit que dix membres de cette famille de typographes ont été ou sont

GÉNÉALOGIE TYPOGRAPHIQUE DE LA FAMILLE LEFÈVRE.

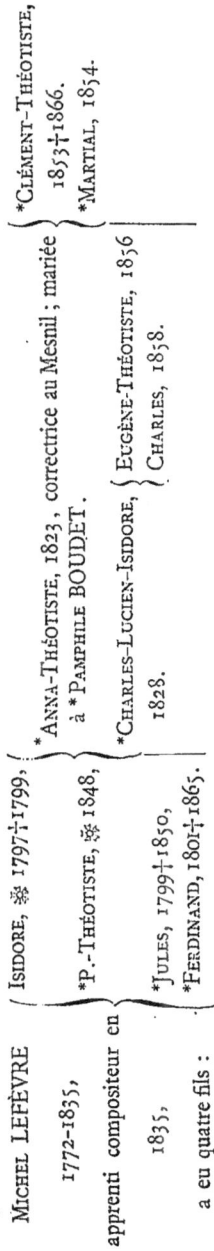

MICHEL LEFÈVRE 1772-1855, apprenti compositeur en 1835, a eu quatre fils :

- ISIDORE, ⚑ 1797†1799,
- *P.-THÉOTISTE, ⚑ 1848,
  - *ANNA-THÉOTISTE, 1823, correctrice au Mesnil ; mariée à *PAMPHILE BOUDET.
  - *CHARLES-LUCIEN-ISIDORE, 1828.
    - EUGÈNE-THÉOTISTE, 1856
    - CHARLES, 1858.
  - *CLÉMENT-THÉOTISTE, 1853†1866.
  - *MARTIAL, 1854.
- *JULES, 1799†1850,
- *FERDINAND, 1801†1865.

L'astérique désigne ceux qui ont été et sont encore dans la typographie de M. FIRMIN-DIDOT, depuis 1835.

en pages en conscience[1], fonctions dans lesquelles il rendit les plus grands services à la maison ; son dévouement fut de tous les instants et son activité infatigable. Puis on lui créa une proterie toute spéciale, avec un cabinet particulier (sans jeu de mots, bien entendu). C'est là que, pendant de longues années, il put déployer toute son activité, exercer la plus rare intelligence et donner à cette imprimerie, par rapport à ses travaux multiples, une impulsion inconnue jusqu'alors. Tout lui passa par les mains. C'est lui qui donna les soins artistiques aux jolies petites éditions mises au jour par M. Ambroise Didot[2]. Il s'occupa de tout : d'une mise en pages difficile et des filets joliment *assemblés* et tirés en rouge. Il ne quittait pas la presse à bras où s'exécutait ce tirage illustré de vignettes inimitables.

encore employés chez M. Didot, soit à Paris, soit au Mesnil, depuis 1835, c'est-à-dire depuis plus d'un demi-siècle.

M. Isidore Lefèvre, imprimeur à Rouen, est décédé, en 1848, à l'âge de cinquante et un ans, comme l'on voit sur la généalogie de cette famille de typographes de pères en fils. Il était poète à ses heures : on lui doit un *Recueil de Chansons*, qu'il a imprimé en 1842, grand in-8 de 67 pages, texte encadré. Nous possédons un feuillet volant gr. in-8. *Couplets philosophiques adressés à mon frère Théotiste avant son départ pour Florence.*

1. Celui-ci avait bien le droit de prendre le titre d'*homme de conscience*, car il n'en a jamais manqué dans l'emploi que l'on eût cent fois raison de lui confier. On ne sait trop pourquoi cette fausse dénomination existe, car, en général, l'*homme de conscience* n'en a pas une forte dose. Nous avons vu un de ces ouvriers à la journée, pour qui le soleil tournait toujours, nepas gagner vingt sous par jour, et il recevait alors cinq ou six francs ; il les gagnait en jouant aux cadratins, et il mettait volontiers en pâte pour se créer de la besogne à venir.

2. On doit à M. Ambroise Didot une série de petites éditions soignées dites elzéviriennes, dans le format in-16, avec encadrements en filets rouges ou noirs. Il est regrettable qu'elle n'ait pas été continuée.

On a commencé par les *Œuvres complètes d'Horace*, texte latin avec commentaires, à l'imitation de celui de Jean Bond, par Dübner, et la *Vie d'Horace*, par Noël des Vergers. — Édition en filets noirs, avec dix vignettes et frontispice gravés d'après les dessins de Barrias. — Sur papier ordinaire, sur papier

Tandis qu'il se multipliait dans les bureaux de Paris, il dirigeait encore l'importante imprimerie du Mesnil.

Les plus beaux travaux des imprimeries Didot, de Paris et du Mesnil, les plus belles éditions sorties de ces presses se ressentent toutes de l'heureuse *direction* de

chiné, sur papier jaune, sur papier vert, sur papier vert d'eau, sur papier chamois. Broché, 10 fr. ; cartonné en percaline, non rogné, 12 fr. L'édition en filets rouges est épuisée.

Nous ne voyons pas d'exemplaires sur papier vergé ; c'eût été le cas, afin d'imiter en tout les Elzévir, qui imprimaient sur papier *de bonne et sonore qualité.*

Œuvres complètes de Virgile, texte latin avec un commentaire perpétuel où toutes les difficultés sont expliquées, par Dübner, orné de vingt-sept dessins par Barrias et imprimé avec filets rouges. — Broché, 12 fr.; cartonné en percaline, non rogné, 14 fr.; édition avec vingt-sept vignettes photographiées, cartonné, non rogné, 40 fr.; relié à l'antique, 60 fr.

Odes d'Anacréon, texte grec, avec traduction française et Notice par Ambroise Firmin-Didot, et cinquante-quatre sujets photographiés d'après les dessins de Girodet, un volume imprimé avec filets rouges, cartonné en percaline, non rogné, 42 fr.; relié à l'antique, 60 fr. — A chaque pièce correspondent une ou plusieurs photographies exécutées sur les dessins de Girodet. Les culs-de-lampe ont été composés par feu Catenacci. L'ouvrage est terminé par des imitations en vers d'Anacreon.

M. Ambroise a fait un tirage à part de sa Notice sur Anacréon.

Ces trois jolis petits volumes, vrai chefs-d'œuvre de typographie, ont été imprimés, comme l'on vient de le voir, aux presses à bras dites *Stanhope,* conservées exprès dans la maison pour le tirage de certaines éditions de luxe.

Séduit par la fidélité de la traduction et la beauté des vers, M. Claye a imprimé en 1855, avec texte grec en regard, en un volume grand in-8, une nouvelle traduction d'Anacréon par Pierre-Paul Rable, mort à la suite d'une aliénation mentale. C'était bien la peine d'être un bon poète, pour avoir une si triste fin.

Entre un nombre considérable de traductions d'Horace, en vers plus ou moins élégants, citons celle que M. Goupy, avec lequel nous avons été en relations, a donnée chez Firmin-Didot frères en 1857. C'est une jolie et bonne traduction des *Œuvres complètes* ; elle est dans le format in-16 ; le texte est encadré d'un filet noir. En tête on voit la figure d'Horace d'après une médaille de la Bibliothèque Nationale, au bas se trouvent seize vers de Voltaire. Le portrait photographié de Goupy, à l'antique, est en frontispice.

Le médecin Montfalcon, décédé bibliothécaire de la ville de Lyon, en a publié une édition polyglotte en 1834, et qui sort des presses si renommées de Perrin, format grand in-8; elle est en six langues. Ce tour de force n'a pas eu un grand succès; donc son prix primitif de 35 francs ne s'est pas maintenu.

M. Théotiste Lefèvre, l'honneur de la typographie française.

Nous en avons à peu près fini avec la *proterie* de notre célèbre praticien ; abordons maintenant l'éminent artiste en typographie, après avoir toutefois rapporté ce qu'on lit dans le *Figaro* du 20 septembre 1881 :

« Les employés de la maison Didot, réunis dans une charmante fête de famille, ont offert deux magnifiques vases de porcelaine de Chine à M. Théotiste Lefèvre, le doyen des typographes.

« M. Théotiste Lefèvre a quatre-vingt-quatre ans ; il est l'auteur du *Guide pratique du Compositeur d'imprimerie.*

« Les progrès qu'il a fait faire à l'instruction des ouvriers et à la typographie ont valu à ce digne homme la croix de la Légion-d'Honneur, qu'il porte depuis 1855. »

Les tableaux les plus compliqués, les plus réussis et remarquables par leur étendue, ont tous été exécutés par M. Lefèvre, qui est véritablement un *tableautier* de première force. Il nous a montré un de ces tableaux encadré et placé au-dessus de son lit. « Eh bien ! nous fit-il remarquer, quand on leva ce tableau de dessus le marbre, il a été enlevé comme s'il était d'une seule pièce ; rien ne bougea, il semblait être stéréotypé. »

TABLEAUX TYPOGRAPHIQUES.

« C'est sous le rapport de la typographie que nous allons aujourd'hui examiner ces tableaux, nous bornant à la seule exposition du savant système dont ils sont l'objet. Selon Jérémie Bentham, la manière de sentir,

agréablement ou désagréablement, variable selon les
circonstances, que modifie la sensibilité individuelle,
est la base de tout raisonnement ou la source de tout
bien et de tout mal. De là un premier tableau de
M. J.-B. G. (Gauthier, avocat), qui tend à développer les
circonstances favorables ou défavorables, physiques et
morales, ou mixtes, entre lesquelles l'homme se trouve
placé. De ce développement résultent des divisions et
des subdivisions à l'infini, que nous ne pouvons tracer
au lecteur, et qu'il a besoin d'examiner sur les tableaux
mêmes. Non seulement ce coup d'œil peut l'amuser et
livrer son esprit à de profondes réflexions sur la nature
humaine, mais en admirant le travail de M. J.-B. G.,
il s'étonnera des ressources de l'art industriel qui l'a
secondé. Ces trois tableaux sortent de l'atelier typographique de M. Eberhart, connu par des éditions savantes
que distinguent leur extrême correction, ainsi que la
beauté de l'impression et des caractères, mais on n'eût
pas cru que, même chez lui, l'art de Gutenberg pût
enfanter une combinaison semblable à celle que nous
avons sous les yeux. Cette belle exécution, due, dit-on,
à un jeune typographe nommé Lefèvre, annonce en
lui un talent qui ne peut qu'honorer et qui accroîtra peut-
être les ressources d'un art que des procédés incertains
s'efforcent aujourd'hui de réaliser. »

(*Tablettes universelles*, décembre 1820, tome III, 3me partie,
article *Bibliographie*, p. 351-352.)

Ces trois grands tableaux, qui sont accrochés, comme
l'on vient de voir, au-dessus du lit de M. Théotiste, et
qu'il nous a montrés encore l'année passée, portent les
titres suivants :

I. *Principes généraux de morale et de législation;*
II. *Vue générale d'un corps complet de lois;*
III. *Base du Code pénal.*

Ces trois tableaux, un véritable chef-d'œuvre, se vendaient chez : Garnery, rue de la Harpe, n° 50; Nève, galerie du Palais-de-Justice, n°ˢ 9 et 10, et Mˡˡᵉ Gobelet, rue Soufflot, n° 12.

M. Théotiste Lefèvre a de *l'esprit* dans les doigts, il en a jusqu'au bout des ongles. Il faut voir avec quelle adresse il a exécuté à la lime tout son *Recueil d'impositions.* Comme chaque petite page est bien figurée, comme ces petits filets mignons joignent bien ! Et les châssis, et les coins ! Comme c'est joli.

Son modèle de correction n'est rien moins qu'un petit chef-d'œuvre : il a transformé en filets, en traits délicats, tous les signes employés dans la correction. Il a ajouté un carton de quatre pages au chapitre VII de son *Guide pratique du compositeur.* Il nous révèle la manière ingénieuse dont il s'y est pris pour barrer horizontalement la lettre **a**, en la séparant à l'aide de la lime et en se servant d'un petit morceau de clinquant. Il nous a montré, dans le temps, cette lettre ainsi disposée; nous en avons été émerveillé.

Il donne d'excellents préceptes pour la division des mots. On les évite dans les grandes justifications; cependant l'on peut tomber mal. Ajoutons que c'est toujours plus ou moins au détriment d'un espacement régulier, si joli à l'œil, et si désagréable quand on n'y procède pas avec symétrie.

Il existe plusieurs ouvrages où l'on a évité les divisions.

M. Brun, dans son *Manuel*[1], s'est malheureusement
arrêté à une futilité, en supprimant dans son ouvrage
toutes les divisions. Il eut, il est vrai, quelques imita-
teurs, mais en très petit nombre. D'ailleurs ce système
ne peut être admis pour aucun ouvrage ordinaire, à

1. M. Brun a, le premier, donné chez nous, en 1825, un ouvrage sur notre
art, qui a eu les honneurs de la contrefaçon à Bruxelles. Ancien prote de
l'imprimerie Jules Didot, il put recueillir et se nourrir dans cette maison des
bonnes traditions. Voici le titre de son travail :

Manuel pratique et abrégé de la Typographie française. Paris, imprimerie et
librairie de Firmin-Didot père et fils, 1825, in-18 de 233 pages.

Entièrement rédigé par M. Brun, et composé typographiquement par lui et
ses deux fils.

Tiré à deux mille exemplaires.

Se vendait tout d'abord 2 francs; mais, après l'écoulement du premier mille,
M. Brun ayant demandé un droit d'auteur d'un franc par exemplaire, feu
M. Firmin-Didot, qui était d'une probité à toute épreuve, s'empressa de faire
droit à cette juste réclamation, et il remit 1,000 francs à l'auteur : c'est par
suite de cette circonstance que le prix en fut fixé à 5 francs définitivement.

C'est le premier ouvrage qui donne en caractères mobiles une page de
corrections, accompagnée de tous les signes consacrés.

Dans le tome II du *Magasin pittoresque*, page 312, cette page est reproduite.

Le *Manuel pratique* reçut les honneurs de la traduction à Carlsruhe : un
imprimeur de cette ville, M. Hasper, d'accord avec M. Brun, qui lui en octroya
courtoisement l'autorisation, en donna une édition en allemand, traduite mot
à mot ; seulement il y joignit quelques planches et des échantillons d'encres
de diverses couleurs. L'édition allemande est in-8 et parut en 1835.

Les curieux matériaux que M. Brun a rassemblés depuis 1825 pourraient
aujourd'hui former une nouvelle édition en deux ou trois volumes in-8, ou quatre
à cinq volumes in-18. Que Dieu veuille que son travail voie bientôt le jour !

Manuel pratique et abrégé de la Typographie française, par M. Brun. Seconde
édition, Bruxelles, imprimerie de de Vroon, chez Lejeune fils, libraire-éditeur,
1826, grand in-12 de 236 pages.

Une *Note supplémentaire* des éditeurs de Bruxelles, qui termine cette contrefaçon (p. 235-236), nous apprend que c'est par suite d'un défi porté
par M. Didot à toute la typographie belge, que nous devons cette édition,
réimprimée, à quelques rares exceptions près, ligne pour ligne et page pour
page.

Les éditeurs belges adressent des reproches à la maison Didot de ce que le
procédé pour la fameuse page de corrections en caractères mobiles n'est pas

moins que ce ne soit pour un in-folio à grande justification : encore serait-il à craindre, répétons-le, que
l'espacement ne fût pas régulier. Du reste, il sera toujours facile à un auteur typographe d'atteindre ce but,
en multipliant à propos les alinéas, en en supprimant
d'autres, et en modifiant à son gré, en remplaçant et chan-

décrit dans le *Manuel* de M. Brun. C'est ainsi qu'ils exhalent leur mauvaise
humeur :

« Une des plus grandes difficultés du livre consistait dans l'exécution, en
caractères mobiles, des lettres barrées du tableau des corrections, pages 162 et
163. M. Didot, en faisant ce tour de force, s'est bien gardé d'en expliquer le
procédé : c'était un moyen d'agrandir sa réputation, mais non de faire avancer
l'art.

« Nous serons moins réservés, mais plus généreux que lui, et les jeunes
typographes belges nous en sauront peut-être gré.

« Où serait l'utilité de faire des découvertes dans un art, si les moyens
devaient suivre l'inventeur dans la tombe ? Voici ceux qui ont été employés
dans les pages de notre édition. »

Suit la description du procédé.

Enfin la *Note* se termine ainsi :

« Voilà le procédé que nous avons employé. Si tel est celui de M. Didot,
nous nous félicitons de l'avoir deviné ; s'il est différent du sien, nous nous
en féliciterons également, puisque nous avons obtenu un résultat pareil à celui
qu'offre le *Manuel* de ce célèbre typographe. »

En résumé, hâtons-nous de le reconnaître, la contrefaçon belge est fort bien
exécutée.

M. Brun avait imaginé un procédé pour l'*Impression de la musique par les
procédés typographiques* ; il l'a décrit dans un in-8 oblong de 8 pages, qui sort de
l'imprimerie Claye.

M. Brun était né à Nantes (Loire-Inférieure), le 13 décembre 1778 ; il est
décédé à Montmartre, près Paris, le 18 mai 1865, à l'âge de quatre-vingt-six
ans. — Après sa mort, sa fille aînée, mariée à M. Denoe, qui s'occupait
d'affaires, vint se fixer à Paris, hôtel des Fermes, 45, rue Jean-Jacques-Rousseau,
du côté de la rue du Bouloi. Il avait son bureau en dehors de son domicile.
Lui et Mme Denoe me proposèrent d'acquérir le manuscrit de M. Brun, préparé
pour une seconde édition de son *Manuel*, et devant former plusieurs volumes.
Ils en demandèrent évidemment une somme exagérée, et la négociation en
demeura là. Au décès de M. Denoe, sa veuve sollicita son admission à la
maison de retraite d'Issy (Seine). Elle attendait son tour depuis longtemps,
lorsqu'elle nous parla de son projet d'entrer à Issy. Nous allâmes voir
M. Vinçard, chef de bureau à l'assistance, et qui n'a jamais oublié qu'il

geant certains mots et certaines tournure des phrases.

« En France, feu M. Michelin, imprimeur à Melun (Seine-et-Marne), a composé un ouvrage sur son département, sous le titre d'*Essais historiques, statistiques, chronologiques, littéraires, administratifs, etc.*, en six volumes grand in-8, tout en caractères gras. Il est vrai que pendant tout le cours de l'ouvrage aucune division ne vient blesser l'œil du lecteur, pas un mot si comiquement, si malheureusement, si maladroitement séparé ; mais hâtons-nous de répéter ici que l'auteur a fait constamment remanier ses épreuves, qu'il a largement taillé, rogné, torturé son texte à volonté, qu'il a, pour ainsi dire, refait toute sa copie sur les épreuves, et que sa publication a coûté un prix exorbitant.

appartient à une famille de typographes ; il la fit, sur notre chaude recommandation, devancer son tour.

Nous la vîmes souvent dans sa chambrette-cuisine d'Issy ; elle ressemblait beaucoup à son mari, car elle aussi n'existe plus. Elle nous remit un médiocre dessin, mais très ressemblant, de son père. Elle persévéra dans sa prétention quant à la cession du manuscrit en question. De son vivant, elle le confia, nous ne savons réellement à quel titre, à des amis qui habitent le quartier Notre-Dame-de-Lorette.

A Nantes, le maître d'écriture de Brun a été Barletti de Saint-Paul. Comme les langues anglaise, italienne et espagnole lui étaient familières, il se mit à voyager pour le commerce, et c'était l'un des voyageurs les plus intelligents, par conséquent les plus productifs de la Fonderie générale. Il a été metteur en pages au journal *le Temps*, et pendant quelque temps à la tête de la fonderie anglaise de du Clozel. Comme tant d'autres, une idée fixe le frappa : il voulut aussi être imprimeur à Paris, et nous le retrouvons établi sous la raison sociale de Brun, Paul Daubrée et Cⁱᵉ (Cailleux) ; ces deux derniers étaient les éditeurs des *Œuvres complètes de l'abbé de Lamennais*. Il est sorti de cette imprimerie le *Catalogue de la Bibliothèque de Lamennais*, avec une page transposée. Cela prouve qu'il est bien plus facile de donner de bons préceptes dans un manuel quelconque que de les suivre. Ceci nous rappelle le relieur Lesné, qui a donné d'excellents conseils dans son poème, *la Reliure*, ce qui ne l'a pas empêché d'être un relieur plus que médiocre ; il ne joignit guère l'exemple aux préceptes.

« Ceci nous rappelle cette exigence d'un libraire ecclésiastique, qui ne souffrit jamais comme divisions, dans toutes ses impressions, des mots commençant par une consonnance triviale.

« M. Claye a supprimé toutes les divisions dans une belle publication sortie de ses presses : nous voulons parler des *Galeries publiques de l'Europe* (*Rome*), par M. Armengaud, grand in-4 d'environ cinquante-cinq feuilles.

« Feu M. Malteste nous a raconté que sa tante, Mme Jeunehomme-Crémière, imprimeur, rue Hautefeuille, venait tous les matins dans son atelier de composition et faisait, en plaisantant, cette intempestive recommandation : « Vous savez, messieurs, je ne veux pas de ces divisions en... et en... ». Et elle les désignait tout crûment *à la Piron*.

« Mais l'ouvrage qui restera toujours, dans ce genre, comme un véritable tour de force est le *Petit Carême de Massillon*, précédé d'une Notice sur sa vie, par Boissy d'Anglas, pair de France. Coulommiers, imprimerie de Brodard ; Paris, Thiercelin, libraire, 1827, in-18. Édition donnée par Kléfer, alors imprimeur à Versailles.

« C'est chez lui, il nous l'a raconté maintes fois, qu'un individu, prote depuis d'une grande imprimerie parisienne, grand collectionneur de gravures et d'ouvrages pornographiques, c'est chez Kléfer que le susdit *quidam* allait composer les ouvrages érotiques qui se vendirent pendant de longues années au poids de l'or, et ce fut là le départ d'une fortune colossale. Les gravures de ces ouvrages n'étaient même pas essuyées.

« Les inspecteurs de la librairie venaient cependant dans cette imprimerie ; mais, comme il ne connaissaient pas le métier, les compositeurs enlevaient vite, en les voyant venir, la *copie* de l'ouvrage défendu, et l'on en substituait un de bon aloi. (Historique.)

« Kléfer fait lui-même ressortir les véritables difficultés qu'il a éprouvées dans la composition typographique de son travail.

« Dès 1819, dit-il, époque où je me chargeai de sur-
« veiller l'impression de la *Sainte Bible* de Legros (Paris,
« Desoer), plusieurs libraires de la capitale m'engagèrent
« à leur imprimer un ouvrage dans lequel il n'y eût
« aucun mot de coupé; la crainte de ne pas réussir
« m'avait toujours fait différer d'entreprendre pour
« autrui ce que je viens d'exécuter pour mon compte.
« Les amateurs de l'art typographique et des éditions
« soignées jugeront si j'ai heureusement surmonté
« les nombreuses difficultés qui se présentaient à
« chaque instant, puisqu'il fallait non seulement res-
« pecter le style, mais l'orthographe et la ponctuation. »

« En Belgique on a aussi publié un ouvrage où pas un mot n'est coupé. »

(Extrait du *Discours prononcé, le 6 avril 1856, par M. Alkan aîné, lors de sa réception comme membre honoraire de la Société fraternelle des Protes des imprimeries typographiques de Paris, avec des notes typographiques et bibliographiques*. Paris, Mallet-Bachelier, imprimeur-libraire, 1856, in-8 de 16 pages; p. 7-8).

Nous avons, dans notre article *Compositrice*, inséré dans la *Typologie-Tucker* du 15 septembre 1886, p. 539, col. 1, et p. 540, col. 2, où il forme cinq colonnes pleines[1], fait ressortir toute la vérité. Voici comment nous nous exprimions à ce sujet :

« On attribue généralement, et à tort, comme on va le voir tout à l'heure, à M. Théotiste Lefèvre, ce vénérable patriarche de notre art (car il est né en 1798), à ce typographe excellent et par excellence, qui sait, sous ses doigts de fée, faire plier les filets, ces lames métalliques, aux mille formes variées et capricieuses de notre art; on lui attribue à tort, disons-nous, l'introduction des femmes dans l'imprimerie. En voici l'historique, la vérité vraie. M. Rignoux, cet habile et malheureux typographe, qui avait pour commanditaire les Pourrat lorsque son imprimerie était située près de la place Saint-Michel, dans la propriété de ces libraires-banquiers, puis dans l'immeuble construit exprès pour lui par Orfila, rue Monsieur-le-Prince, était rempli de goût et de passion pour son art ; aussi tirait-il constamment le diable par la queue, comme nous l'avons dit plus haut pour ce brave Eberhart: ce n'est rien de procéder ainsi, mais il ne faut pas qu'elle vous reste dans la main. Toute sa longue carrière de typographe s'est écoulée à payer les intérêts

1. Nous nous proposons de compléter notre article sur les *Compositrices*, et de l'étendre commme le sujet le mérite, d'autant plus qu'il a été inséré précipitamment, sans être corrigé. M. Tucker, à tort ou a raison, veut paraître *rigoureusement* le 15 de chaque mois, que les épreuves soient lues ou non par les auteurs : tant pis pour ceux qui n'arrivent pas à temps. *Cuique suum.*

Nous compléterons notre travail, après en avoir demandé l'autorisation aux auteurs, par la réimpression des *Femmes compositrices d'imprimerie sous la Révolution Française, en 1794;* par la *Lettre d'une femme aux ouvriers typographes,* par Mme Olivia de Rocourt, auteur du projet de la société-mère protectrice de la femme. Paris, imp. Tinterlin, librairie de Dentu, 1862, de 15 pages, titre compris, et par *la Justice et la liberté dans l'industrie typographique,* par Edmond About, Paris, imp. J. Claye, 1865, in-18 de 36 pages, couverture servant de titre comprise.

de ses emprunts. En 1834, M. Rignoux confia à M. Théotiste Lefèvre son projet de monter une imprimerie (féminine) et lui en donna la direction. On l'établit à Fontenay (Côte-d'Or), dans une propriété de M. Élie Montgolfier, fabricant de papier[1]. Pendant huit mois, de jeunes paysannes y furent instruites par les soins incessants de leur habile professeur, et furent bientôt à même de composer tout aussi bien le grec que le français. C'est à cette époque que M. Rignoux dut céder son établissement à MM. Didot. En 1835, au mois d'août, tout le matériel de cette imprimerie fut transporté au Mesnil-sur-l'Estrée (Eure), où M. Théotiste put instruire à son aise des jeunes filles des villages environnants, au nombre de quatre-vingts. Bientôt elles devinrent tellement habiles, que les classiques grecs et français leur furent confiés. Le grec, chose rare, était composé avec une telle pureté, une telle attention constamment soutenue, qu'il y avait des pages sans une seule faute, des pages *pucelles*, pour nous servir de l'expression typographique. On peut hardiment avancer que deux maisons seulement de la capitale sont capables d'exécuter de si beaux *labeurs grecs*,

1. L'*Annuaire de la Papeterie latine* nous fournit les précieux renseignements qui suivent sur cette importante papeterie, ou règne encore aujourd'hui la plus grande activité. Il est vrai que les produits de cette honorable maison sont d'une supériorité incontestable. — Montgolfier père et fils, lit-on dans ledit *Annuaire*, possèdent des usines à Montbard (18 kilom. de Semur), à Choiseau (Mormagne), à Fontaine l'Orme, près Touillon, et à Fontenay (Mormagne). —Impression, journal, 30 piles, 3 machines à papier de 2^m,15, 1^m, 40 et 1^m,50. Usines sur la rivière Brenne et le canal de Bourgogne.

M. Lefort, imprimeur libraire à Lille (Nord), publie une série de brochures intéressantes sous le titre suivant : *les Hommes utiles*. Parmi ces livraisons, nous en trouvons une qui a sa place ici : *Les Frères Montgolfier* (les Ballons de papier). A la suite on a inséré *Bernard Palissy* (l'Email), in-8 de 32 pages, avec portraits. — Prix 60 cent.

c'est à savoir Delalain et Lahure. Nous ne parlons pas de l'Imprimerie Nationale, qui est hors concours. Depuis trente ans, l'établissement typographique du Mesnil, avec tout son personnel de compositrices, est dirigé par M. Charles Lefèvre fils, qui a succédé à son père. Dans toute la force de l'âge, et ayant lui-même amplement profité des leçons de son digne et honoré père, il a *imprimé* à l'officine du Mesnil une impulsion extraordinaire. Depuis 1878, on y a créé un nouvel établissement. De jeunes sourdes-muettes, au nombre de vingt-quatre, furent instruites et *transformées* en habiles compositrices, sous la direction morale des sœurs de la Providence, et elles ont comme professeur M. Pamphile Boudet, ancien prote de MM. Didot, à Paris, et gendre de M. Théotiste Lefèvre. Ces disgraciées par la nature exécutent aujourd'hui des labeurs hérissés de difficultés.

« L'introduction des femmes dans l'imprimerie ne date pas d'hier; ce n'est pas une *invention nouvelle*. En 1862, au moment de virulentes attaques contre l'Imprimerie Administrative de Paul Dupont, qui venait de monter à Asnières, avec le plus grand succès, un atelier de jeunes filles et de femmes, nous avons détaché de notre collection une brochure qui mériterait certes d'être reproduite ici, car elle semble écrite d'hier pour la cause d'aujourd'hui : *les Femmes Compositrices d'imprimerie sous la Révolution Française, en 1794;* Paris, Dentu, in-8. On lit à la fin : *De l'École typographique des Femmes,* rue des Deux-Portes-Bons-Conseils (Saint-Sauveur), n° 8, avec cette épigraphe : « C'est nous qui faisons l'homme, pourquoi n'aurions-nous pas voix délibérative dans ses conseils? Eugénie NIBOYET. » —

Addition à cette brochure: En passant un jour sur les quais, nous mîmes le nez dans une de ces *bouquineries* en plein vent qui longent principalement la rive gauche de la Seine, et nous eûmes la satisfaction de tomber sur un petit ouvrage qui est le complément obligé de la pétition du citoyen Deltufo. Il a pour titre: *Triomphe de la Saine Philosophie, ou la Vraie Politique des Femmes*, par la C. B***. Se vent chez Debrai, libraire, maison de l'Égalité, et *à l'Imprimerie des Femmes, sous les auspices de la Convention Nationale*, rue des Deux-Portes-Bons-Conseils, n° 8, à Paris, in-8 de 117 pages, titre compris, sur lequel on voit une vignette républicaine. Barbier, *Dictionn. des Anonymes*, t. III, n° 18473, l'attribue à la citoyenne Booser et donne pour millésime l'an V (1797). Ne se trouve pas plus à la Bibliothèque Nationale que la première. On voit qu'en 1794 il était question d'établir une École typographique pour les femmes. On vient d'en fonder une pour les compositeurs, rue Denfert-Rochereau, à Paris, l'École de Gutenberg. Rien ne s'opposerait, ce semble, à ce qu'on en fît autant pour les jeunes filles et les femmes. Ce serait une véritable pépinière qui viendrait alimenter les maisons qui ont déjà quelques compositrices.

« On sait que feu Portier, le prote de Vinchon, puis de Demourgues frères, est l'auteur de *la Typographique*, spirituelle chanson dont le journal mensuel qui l'a reproduite, *la Musette*, a été poursuivi pour avoir oublié de faire le dépôt du numéro renfermant une réimpression de ladite chanson. Mais ce que l'on ne sait pas, c'est que Portier en a rimé le pendant sous le titre de *la Compositrice*. Nous le possédons en manuscrit autographe. `

« Terminons en donnant, par ordre alphabétique, la liste presque complète des imprimeries de Paris et des environs qui occupent aujourd'hui des femmes : Alcan-Lévy ; Chamerot ; Charaire et fils, à Sceaux (Seine) ; Crété, à Corbeil (Seine-et-Oise) ; Dejey et Cie ; de Soye et fils ; Didot et Cie, au Mesnil-sur-l'Estrée (Eure) ; Paul Dupont et Cie, à Asnières (Seine) ; l'*Estafette*, chez Schiller ; Gauthier-Villars ; la *Gazette de France* ; Guyot ; l'*Illustration*, chez Marc et Cie ; Levé ; Martinet, à Puteaux (Seine) ; Maury, l'imprimerie du Sentier ; le *Moniteur*, chez Mouillot, à Issy (Seine) ; Moquet fils ; Noizette (Imprimerie rapide) ; Plon, Nourrit et Cie ; Rougier, à Paris. Nous savons pertinemment que quelques grands journaux sont à la veille de livrer leur *composition* à des femmes.

« Il reste à relever, à compléter les imprimeries des départements, en très petit nombre, et à donner la statistique en divisant par : 1° femmes mariées ; 2° veuves ; 3° jeunes filles ; 4° apprenties. On pourrait, enfin, indiquer les liens de parenté. »

Nous possédons de M. Théotiste Lefèvre :

I. *Recueil complet d'impositions*, exécutées en caractères mobiles, suivi d'une Nouvelle classification de la casse française. Au Mesnil, près Dreux, typographie de Hyacinthe Firmin-Didot ; Paris, librairie de Firmin-Didot frères et Cie, imprimeurs de l'Institut de France, 1838, in-16 oblong de viii (faux titre et titre compris) et 215 pages. — 2 fr. 50.

Renferme à la fin un modèle de casse d'après la nouvelle classification, et un d'après l'ancienne. L'ou-

3

vrage se termine par la Table des impositions contenues
dans ce *Recueil*, et Indication pour plier chaque feuille,
p. 185-204, puis vient la Nouvelle classification de la
casse française, combinée d'après l'exact emploi des
lettres, p. 205-215, et enfin un Tableau synoptique indiquant : 1° la distance ancienne et la distance nouvelle des
lettres, avec la différence en moins et en plus que donne
leur déplacement; 2° le nombre moyen des lettres contenues dans une distribution de 18,000 n, et la distance
que parcourt la main pour les composer; 3° le rapport
de la distance parcourue par la distribution à celle de
la composition. — La *Nouvelle classification de la casse
française* fut publiée en 1833, dans le format grand in-4.

Il est certain que la casse actuellement en usage
presque partout n'est pas en rapport, nous l'avons déjà
fait remarquer ailleurs, avec le langage d'aujourd'hui;
on s'en aperçoit bien en composant du latin ou
du vieux français. Cela nous avait frappé depuis longtemps, quoique encore jeune typographe débutant dans
la carrière ; mais nous savions qu'il fallait compter avec
la routine, cette ennemie acharnée de tout progrès :
nous ne voulions rien bouleverser. Nous songeâmes
donc à faire disposer une casse d'après l'ancienne classification; nous lui laissâmes sa physionomie, tout en
réunissant le haut et le bas de casse et en y ajoutant
plusieurs cassetins. Ainsi dans le cassetin aux e on
trouve les é, è, ê, ë, et ainsi de suite. On nous engagea
à présenter notre casse à la Société d'Encouragement,
accompagnée d'un mémoire. Nous nous empressâmes
de le faire, et le tout fut envoyé à l'imprimerie de la
Société, à Mme Huzard, rue de l'Éperon. Eh bien, au
bout de quelques semaines, on nous apprit que notre

mémoire avait disparu du bureau : un aimable typo s'en était enfin emparé. Comme nous avions conservé toutes nos notes, il nous fut facile d'en faire une seconde édition, et nous attendons encore le rapport ; il y a quelque quarante ans de cela. Un imprimeur a rimé une jolie pièce de vers sur ce sujet : *Gardons nos casses.*

Voici en quels termes nous annoncions ce remarquable travail dans nos *Annales de la Typographie*, 3me supplément, décembre 1839 :

« Cédant aux sollicitations réitérées de plusieurs typographes, M. Théotiste Lefèvre s'est décidé à publier un *Recueil complet d'impositions* (de l'in-plano à l'in-128) exécutées en caractères mobiles, dont un extrait de vingt-quatre pages avait été admis à l'avant-dernière Exposition des produits de l'Industrie.

« La page de spécimen ci-dessous donnera une juste idée de ce travail, entièrement exécuté à la lime :

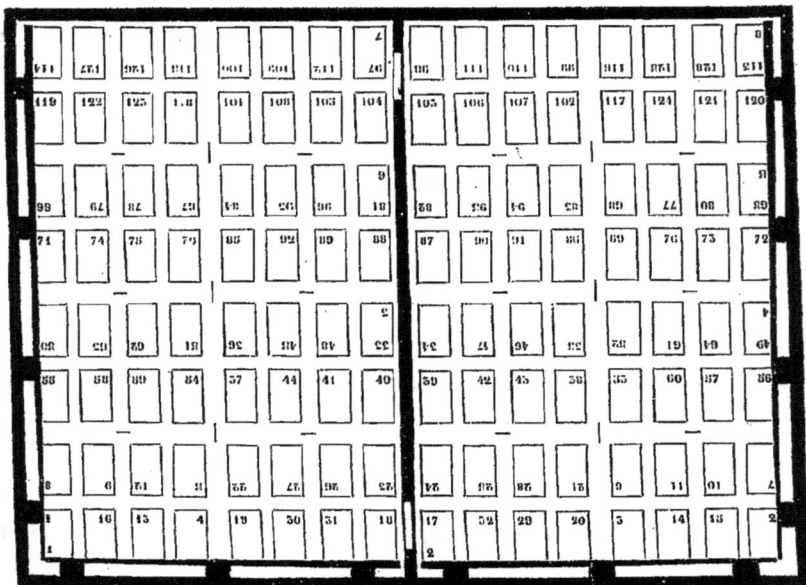

« Quant à la Nouvelle classification de la casse française qui est jointe à ce *Recueil*, nous nous dispenserons d'énumérer ici les motifs que donne l'auteur pour
son adoption, et nous nous bornerons à dire qu'elle
offre, pour le compositeur, une économie de temps
que des calculs certains évaluent à *vingt–trois jours* de travail sur *trois cents*. » (Voir *Magasin pittoresque*, t. II, n° 35.)

En 1848, l'auteur a fait paraître un *Appendice* suivi
d'une Nouvelle classification de la casse française, qui
n'est pas reproduite, in-16 de 47 pages, faux titre servant
de titre compris, et les deux pages d'Observations.
Rouen, imprimerie de I.-S. Lefèvre; Paris, librairie de
Firmin-Didot frères. Nous ne connaissons pas la seconde
édition annoncée par l'auteur, qui nous paraît être l'*Appendice* que nous venons de citer.

Sur le verso de la couverture de l'*Instruction pour la
composition du grec*, l'auteur annonçait cet *Appendice* de
50 pages, du prix de 75 centimes.

« Le *Recueil d'impositions*, y lit-on, exécutées en caractères mobiles, étant entièrement épuisé, nous nous
proposions d'en publier une seconde édition, augmentée d'un Appendice contenant des modèles d'impositions pour les langues orientales, ainsi que des
renseignements utiles pour la combinaison des demi-
feuilles tirées à la mécanique, pour l'imposition dans
les châssis dits *brisés*, etc., mais des raisons particulières
nous forcent à ajourner ce projet. Nous nous bornerons
donc, pour le présent, à mettre au jour l'Appendice,
afin que les personnes qui possèdent déjà notre ouvrage
puissent, à peu de frais, combler la lacune qu'il
présente. »

En 1873, M. Lefèvre publia une troisième édition, extraite du *Guide pratique du Compositeur*, grand in-8 de 123 pages, titre compris, et 2 pages donnant le plan des impositions. Dans le bas de ce qui sert d'Avertissement nous trouvons en note cette remarque, qui a son utilité : « Une feuille de *carré*, pliée selon le format, a servi de base à toutes nos impositions. » Cette troisième édition sort des presses de Firmin-Didot frères, à Paris; Chamerot n'était pas encore leur successeur. C'est feu Dusacq, un prote grincheux, qui les dégoûta de l'imprimerie parisienne, en recevant les clients *comme un chien dans un jeu de quilles*. Il nous semble le voir encore avec sa perruque mal dissimulée, et entendre sa voix flûtée ou criarde, comme l'on voudra. — C'est en 1883 que parut la quatrième édition du *Recueil d'impositions*, toujours, comme de raison, dans le même format in-16 oblong, et imprimé au Mesnil. Cette dernière édition a VII (faux titre et titre compris) et 275 pages.

UN MOT SUR L'OUVRAGE.

L'ouvrage est terminé par le modèle d'une garniture in-octavo sur carré, se repliant, et par la Table des impositions.

« Quant à l'exécution matérielle de ce travail, dit l'auteur, nous nous sommes efforcé d'égaler, avec les seules ressources de l'imprimerie, c'est-à-dire avec des filets, ce que la gravure nous avait offert de mieux en ce genre. »

A la suite vient cette note :

« Un tableau sur *grand jésus*, contenant l'in-fol., l'in-4, l'in-8, l'in-12, l'in-16, l'in-18, l'in-24, l'in-32, l'in-36, l'in-48 (par feuilles), l'in-64, l'in-72, l'in-96, l'in-128 (par demi-feuilles), a été admis pour l'Exposition de 1834, malgré le jugement peu équitable de M. D***, maître imprimeur de la préfecture de Versailles, qui, appelé pour *éclairer le jury de ses lumières en typographie*, n'avait pas hésité à affirmer que la forme qu'il avait sous les yeux, et qui contenait 750 cadres dont la jonction parfaite ne laissait pas plus à désirer que celle des pages de ce *Recueil*, était le travail d'un apprenti de quinze jours !

« Nous croyons devoir ajouter que M. D***, qui est mort aujourd'hui, devait être un fameux ignare, pour ne pas nous servir d'une expression plus forte et beaucoup moins polie. »

Avant M. Théotiste Lefèvre, on voit déjà figurer les impositions, très mal exécutées, il est vrai, lorsqu'on eut recours à la typographie ; ailleurs, elles sont exécutées en taille-douce. Fertel s'est servi de la gravure sur bois. Nous bornerons là nos citations, d'autant plus que cela trouvera sa place ailleurs. En attendant, reproduisons ce que nous avons dit dans notre *Discours aux Protes* sur le *Manuel des impositions* de l'infortuné Momoro et son *Traité*, en citant, en passant, le *Manuel* d'un autre Fournier que le nôtre, et dont nous avons déjà parlé.

« Nous allons combler une lacune bien involontaire qui se remarquera dans notre *Discours*, et consacrer quelques lignes à l'infortuné Momoro, à cet excellent typographe qui fut prote et qui, pendant la tourmente révolutionnaire, n'eut qu'un seul tort, celui d'avoir été jeune dans un temps de délire. Il avait épousé la nièce de P.-S. Fournier. Ce dernier a laissé un *Manuel typographique* (Fonderie), en deux volumes petit in-8, imprimés sous ses yeux, sous la rubrique de Barbou, dans la rue des Postes, maison dans laquelle se trouvait sa fonderie en caractères. Il allait publier les deux derniers volumes (Imprimerie) lorsque la mort vint le surprendre. Il est auteur de plusieurs ouvrages sur la partie historique de l'imprimerie. Nous avons des matériaux fort avancés pour un *Essai* sur la vie et les ouvrages de cet habile historien de l'art.

« Nous disons que Momoro était un typographe habile et consciencieux, car quelques légères fautes ne déparent pas son livre. D'ailleurs une lettre autographe, que nous avons sous les yeux, nous apprend que son ouvrage sur l'imprimerie a été publié pendant son absence.

« Cette lettre, adressée à sa femme et datée de Niort, 19 juin 1793, renferme la phrase qui suit :

« ... Mon ouvrage doit être bien avancé; presses-en « l'impression, et surtout soigne-la...

« Ton vrai ami,

« MOMORO,

« Commissaire national. »

« On a de lui sur notre art, sans compter plusieurs ouvrages politiques et tout à fait de circonstance :

« 1° Le *Manuel des impositions*, petit ouvrage qui peut être utile à MM. les Imprimeurs, par Momoro, ci-devant prote d'imprimerie. A Paris, chez Momoro, libraire, rue de la Harpe, 1787, in-12 de iv et 19 pages, avec 23 planches gravées représentant 72 impositions, depuis l'in-folio jusqu'à l'in-128.

« Dans un *Post-scriptum* de la Préface, on lit :

« J'ai détaché cet Extrait, pour vous en procurer
« plus promptement la jouissance, d'un ouvrage con-
« sidérable, portant le titre de *Dictionnaire typographique*,
« dans lequel j'ai traité de l'Imprimerie en homme
« de l'art, et que je me propose de mettre incessam-
« ment sous presse, si cet opuscule est favorablement
« reçu. »

2° « *Traité élémentaire de l'Imprimerie*, ou le Manuel de l'Imprimeur, avec 40 planches en taille-douce. Paris, imprimerie et librairie de l'auteur, 1783, in-8 de iv et 348 pages.

« C'est l'ouvrage que l'auteur avait annoncé sous le titre de *Dictionnaire typographique*.

« Nous préparons quelques recherches sur ce martyr de la Révolution. En possession de documents inédits, nous croyons rendre hommage à la vérité, aux typo-graphes qui aiment leur art, et surtout à la mémoire de Momoro, en publiant bientôt notre travail, que nous intitulerons : *Momoro principalement considéré comme typo-graphe*.

« En attendant, qu'on nous permette de révéler un fait curieux, que nous ne croyons consigné nulle part.

« Pour venger la mémoire du *premier imprimeur de la*

liberté nationale, les vers suivants, sous un voile presque impénétrable, étaient entre les mains de bien des typographes et d'hommes politiques du temps, qui ne s'en doutaient certes guère. Qu'on ouvre le *Traité,* et, armé d'une forte loupe, qu'on jette un coup d'œil sur la planche qui renferme le *visorium,* et l'on y lira sur la *copie :*

MOMORO,

Premier imprimeur de la liberté nationale, 1789.

Liberté d'imprimer, liberté de penser,
Il osa le premier d'un si beau droit user.
Il étoit citoyen ; il eut de l'énergie :
L'amour du bien public fait son apologie.

« Il y a bien autre chose à découvrir sur des feuilles étendues au-dessus des ouviers occupés dans la chambre de composition, comme c'était l'usage, à cause de l'exiguïté du local, mais nous n'avons pu y parvenir malgré notre désir, les caractères étant brouillés ; la photographie pourra grossir ces feuilles étendues là pour sécher.

« C'est ici que se place naturellement une curieuse anecdote.

« Nous avons connu dans la rue de Buci, dans la maison d'un pâtissier de beaucoup de vogue (Quillet), un nommé Fournier. Nous apprîmes qu'il possédait un certain nombre de documents sur l'Imprimerie. Nous entrâmes bien vite en relations. Il était à la retraite, comme ancien chef de bureau dans un de nos ministères. Or, c'était le fils de Momoro, il avait changé de nom, et pour cause ; il lui ressemblait. Il nous montra, entre autres curiosités typographiques, une miniature repré-

sentant Sophie Momoro, une femme à *larges épaules*.
Aussi fut-elle désignée pour faire la déesse de la Raison
pendant la Révolution, dans le quartier latin, qu'elle
traversait traînée dans un char, en partant de la rue
de la Harpe, où était située l'imprimerie de Momoro.

« Un jour, nous rencontrâmes M. Fournier dans la
rue de l'École-de-Médecine (nommée autrefois rue des
Cordeliers), il commençait à pleuvoir. « Mettons-nous
« à couvert sous cette porte-cochère, me dit-il, et cau-
« sons. — Volontiers, mais allons nous abriter ail-
« leurs, plus loin, car c'était ici la demeure de Marat,
« qui fit perdre la vie à votre père... »

« C'est dans les caves de cette maison que Marat
imprimait clandestinement la contre-partie de *l'Ami
du Peuple*, afin de se fournir, par là, un aliment pour
entretenir la guillotine.

« Crapelet, dans ses *Études pratiques et littéraires sur la
Typographie*, qui parurent en 1838, en un volume in-8,
reproche une faute à notre trop malheureux imprimeur.
En effet, au mot *Errata*, on lit, page 163 de son *Traité
élémentaire de l'Imprimerie*, et précisément à l'endroit où
il n'aurait pas fallu que la faute fût faite, ce qui est
certainement fâcheux: « *Errata*. C'est la *ratification* des
« fautes », au lieu de *rectification*. Momoro, comme l'on
vient de le voir plus haut, en écrivant à sa femme une
lettre datée de Niort, le 10 juin 1793, avait tant recommandé de soigner son ouvrage... « Mon ouvrage doit
« être bien avancé: presses-en l'impression et surtout
« soigne-la. »

II. *Guide pratique du Compositeur d'imprimerie*. Paris,
imprimerie et librairie de Firmin-Didot frères, 1855,

grand in-8 de x et 440 pages, faux titre, titre et dédicace compris. — Prix: 15 francs.

Avec vingt-six gravures sur bois, pour la partie démonstrative, dues à deux artistes de l'*Illustration*, MM. Marc et Lavieille, et la reproduction d'un curieux Tableau synoptique indiquant : 1° la distance ancienne et la distance nouvelle des lettres, avec la différence en moins et en plus que donne leur déplacement; 2° le nombre moyen des lettres contenues dans une distribution de 18,000 **n**, et la distance que parcourt la main pour les composer; le rapport de la distance parcourue par la distribution à celle de la composition.

La première gravure nous montre l'auteur debout devant une casse, le composteur en main. Il est en train de composer; il regarde sa copie fixée sur un visorium.

M. Théotiste Lefévre a tiré à part, de son ouvrage, les deux brochures qui suivent :

Instruction pour la composition du grec, extrait de l'ouvrage inédit intitulé : *Guide du Compositeur*. Paris, librairie de Firmin-Didot frères, chez Lorilleux et chez l'auteur, 1847, gr. in-8 de 16 pages, avec une couverture servant de titre. — 50 centimes.

A la page 15 se trouve un modèle de casse pour le grec, haut et bas. L'exécution à la lime ne laisse absolument rien à désirer, comme tout le reste, d'ailleurs, des travaux de M. Théotiste.

La page 16 renferme un modèle de lecture avec la prononciation figurée en-dessous du grec.

Instruction pour la lecture des épreuves. Paris, typ. de Firmin-Didot frères (sans date), gr. in-8 de 8 pages.

L'auteur a publié aussi à part:

Règles principales pour la division des mots à la fin des lignes, à l'usage des jeunes filles sourdes-muettes qui se destinent à la composition typographique, et qui n'ont aucune connaissance des syllabes. Paris, typographie de Firmin-Didot (sans date), gr. in-8 de 8 pages.

Épigraphe: « C'est aux personnes qui étudient pour apprendre, plutôt qu'à celles qui savent, que tout travail didactique est particulièrement adressé. »

« Hommage à MM. Firmin-Didot (Paul et Alfred), à leur entrée dans la carrière typographique si dignement parcourue par leur famille. »

M. Théotiste Lefèvre nous apprend, dans la note de la page VII, que si son livre a pu voir le jour, si son travail a pu être exécuté, c'est à MM. Ambroise et Hyacinthe Firmin-Didot qu'il en est redevable, et c'est par un sentiment de reconnaissance qu'il se plaît à le déclarer hautement.

M. Coste, au nom de l'Association des Imprimeurs de Paris, en a fait un compte rendu fort bien analysé, quoique un peu succinct.

M. Théotiste Lefèvre ne manque jamais, chaque fois qu'il en trouve l'occasion, de faire l'éloge du *Manuel pratique* de M. Brun.

M. Lefèvre a ajouté une addition de quatre pages au chapitre VII, sur la manière de faire les lettres barrées, avec les lettres dans le texte, ne voulant pas garder pour lui seul son ingénieux procédé. Ces pages portent les folios 289 à 298, précédés d'étoiles ou d'astérisques, ce qui indique, comme l'on sait, des cartons à intercaler. Il nous apprend que le *Guide du Compositeur* était mis en vente par livraisons, et il s'en félicite, car cela lui a permis de réparer, dit-il, une omission regrettable.

La note placée au bas de la première page de ces cartons fait remarquer qu' « Il est inutile de dire qu'il faut deux lettres pour en former une, et qu'elles ne doivent nullement être endommagées ».

III. *Guide pratique du Compositeur d'imprimerie,* deuxième partie. Mesnil (Eure), typographie de Firmin-Didot; Paris, librairie de Firmin-Didot frères, 1872, gr. in-8 de VII (faux titre et titre compris) et 268 pages, figures.

Nous extrayons de l'Avant-Propos, la note 2, page 5 :

« Loin de nous toutefois la prétention de n'avoir rien laissé d'important à dire sur le tirage; nous sommes au contraire certain, d'après les quelques entretiens que notre bonne fortune nous a procurés avec Motteroz, le savant et fécond rédacteur du journal *l'Imprimerie,* qu'on trouvera dans le *Guide du Conducteur,* qu'il ne pourra se dispenser de publier un jour ses enseignements, qui combleront sur ce point les lacunes de notre livre [1]. »

1. Si le vœu que M. Théotiste a formé ne s'est pas tout à fait réalisé, nous disons tout à fait, car, ainsi que l'on vient de le voir, M. Motteroz a donné, dans l'excellent journal de M. Eugène Chavaray, *l'Imprimerie,* une série d'articles techniques qui font vivement regretter la continuation, entraîné qu'il a été par des opérations commerciales qui ont absorbé tous ses moments, c'est dommage, nous le répétons volontiers, car tous ces articles eussent été traités *ex professo* ; si M. Théotiste n'a pu voir se réaliser son ardent désir, et combler son vœu le plus ardent, il a vu paraître une large compensation en 1878, par la publication du livre de M. Monet, élève de l'École Turgot, ex-prote de l'imprimerie Jules Claye : *Les Machines et Appareils typographiques en France et à l'étranger.* Madrid, typographie de Aribeau et Cie (successeurs de Rivadeweyra), dirigée par M. Monet, et Paris, à l'Administration du *Bulletin de l'Imprimerie*

Nous reproduisons en entier le dernier alinéa du susdit Avant-Propos de M. Théotiste Lefèvre.

« Si, contrairement à notre attente et à notre vif désir de contribuer pour une part, quelque minime

(Martinet), rue Mignon, 2, 1878, gr. in-8 de 434 pages, le faux-titre et le titre, plus la table, avec un grand nombre de gravures démonstratives dans le texte et hors texte. C'est un ouvrage qui ne laisse absolument rien à désirer sous le rapport technique ; cependant, nous trouvons dans l'Avant-Propos un aveu qui fait encore honneur à M. Monet, et témoigne une fois de plus de son amour pour notre art :

« Nous n'avons donc eu qu'un but en écrivant ces pages : être utile à la typographie en général ainsi qu'aux travailleurs qui embrassent la carrière de conducteurs de machines à imprimer ; nous avons mis à leur portée les notions qu'il leur importe de posséder, désirant les faire profiter et bénéficier de ce que l'expérience, la pratique, l'étude et l'observation nous ont enseigné et appris depuis que nous appartenons à l'imprimerie, c'est-à-dire depuis bientôt vingt-cinq années. »

Nous avons omis à dessin de parler tout d'abord de la première édition de l'ouvrage de M. Monet, car il est certain que c'est la seconde qui a dû causer un sensible plaisir à M. Théotiste, celle-ci allant avec le format grand in-8 qu'il a adopté.

La première édition a pour titre :

Le Conducteur de Machines typographiques. Guide pratique, études sur les différents systèmes de machines, mises en train, découpages. Paris, imp. de Jules Claye, 1872, in-8 jésus de 401 pages, gravures dans le texte et hors texte, avec des manchettes. En vente chez l'auteur. — 4 francs.

Dédié à M. J. Claye. *Veuillez agréer, Monsieur,* dit-il, *la dédicace de ces pages. Elles sont le fruit de l'expérience que j'ai acquise sous vos yeux.* — Cette dédicace n'a pas été reproduite dans la seconde édition grand in-8.

Mais ce qui a dû surtout être agréable à M. Lefèvre, c'est d'avoir vu M. Motteroz publier en 1884, sous le voile presque de l'anonyme, et sous le titre de *Bibliothèque pratique de l'Imprimeur, les Machines rotatives, leurs Organes, leur Fonctionnement,* traité pratique à l'usage des Imprimeurs, des Conducteurs et des Clicheurs. Limoges, imprimerie Vᵉ H. Ducourtieux ; Paris, au bureau du journal *l'Imprimerie* ; in-18 jésus de II (plus le faux titre et le titre) et 207 pages, en comptant les 20 pages de Préface, avec gravures dans le texte et 6 planches se repliant. — 3 francs.

Le premier alinéa de la Préface nous révèle tout de suite le nom de l'auteur :

« On nous a souvent demandé la réunion en volumes des questions traitées dans le journal *l'Imprimerie* ; nous satisfaisons aujourd'hui à ce plaisir en commençant par l'Étude spéciale des Machines rotatives, précédée d'un Historique chronologique. »

qu'elle soit, à rendre l'instruction facile, ce second volume, demandé bien des fois, n'obtenait pas la même faveur que le public typographe a bien voulu accorder au premier, nous ne regarderions pas pour cela nos peines comme entièrement perdues : grâce à la bienveillance de MM. Firmin-Didot, qui nous ont autorisé à faire exécuter ce travail sous nos yeux par notre petit-fils et élève (Martial Boudet) et par l'un des descendants d'une maison célèbre (Henri Estienne), il nous resterait la satisfaction, bien grande pour nous, d'avoir pu ainsi produire deux ouvriers déjà très distingués malgré leur jeunesse. »

Afin de faire connaître d'un seul coup d'œil le livre de M. Théotiste, nous allons donner la nomenclature de tous les chapitres : I. De la Presse à bras et des Mécaniques, avec des figures descriptives dans le texte. — II. De l'Impression. — III. Observations sur le chapitre précédent. — IV. Causes principales des défauts de l'Impression. — V. Du Prote. — VI. Fonte des Rouleaux. — VII. Du Clichage. — VIII. De la Galvanoplastie. — Puis vient (p. 207-265) un Appendice au chapitre V du premier volume : Composition des caractères exotiques, et alphabets de diverses langues, au nombre de vingt-sept.

A la suite du mot POLONAIS (p. 207), l'auteur a placé cette note, que nous nous faisons un véritable plaisir de rappeler : «Cette Notice a été revue grammaticalement par M. Gustave Pawlowski, jeune émigré polonais, bibliothécaire de M. Ambroise Firmin-Didot.»

Un des chapitres les plus intéressants est certes le chapitre X, qui renferme, entre autres, le § 11, Observations relatives aux hausses et aux découpages.

Panckoucke, dont la grande fortune lui permettait de se livrer à plusieurs fantaisies typographiques et bibliographiques, avait eu l'idée, dans un in-folio dont le titre nous échappe, de faire des exemplaires ayant tous les découpages du titre et du texte, qui était en gros caractères, GRANDES CAPITALES.

Rignoux, un artiste typographe pourtant, n'aimait pas la mise en train moderne; il appelait ces habiles ouvriers, ces artistes, qui avaient le sentiment du dessin si développé, des *découpeurs de dentelles*, et Crapelet, qui aimait l'imprimerie d'une manière si ruineuse, parce qu'il y *apportait* trop de goût, qualifiait d'*obscurations* nos illustrations si bien comprises déjà de son temps, au point de les métamorphoser en véritables *épreuves d'artiste*.

Feu M. Rignoux, ne pouvant malheureusement donner suite à son projet de *Manuel de la Typographie française* [1], dont la dernière livraison devait comprendre les presses, en a légué toutes les planches en taille-douce

---

1. *Manuel de la Typographie française*, ou Traité complet de l'Imprimerie, ouvrage utile aux jeunes Typographes, aux Libraires et aux Gens de lettres, par P. Capelle, Inspecteur de l'Imprimerie et de la Librairie. Imprimé sous la direction typographique de M. Rignoux. Paris, Rignoux, Baudouin, etc., 1826, grand in-4 de IV-92 pages, et 4 planches, plus à la fin un grand spécimen se repliant et renfermant les principaux caractères de MM. Firmin-Didot, Jules Didot (ce pauvre *typofou*) et Molé. — Prix : 10 francs.

Pour la rédaction de cette première livraison, feu Capelle, qui avait exercé l'imprimerie pendant trente années, s'est fait aider, pour la partie bibliographique et historique, par Charles Nodier, et quoique Capelle ait été collaborateur avec M. Rignoux pour la rédaction de la partie technique, ce dernier peut à bon droit en revendiquer seul tout le mérite.

Cette livraison renferme le titre ; un Avertissement (p. I-IV) ; une Intro-

à M. Théotiste Lefèvre. Ce don ne pouvait tomber en
de meilleures mains, car c'était le seul typographe
capable d'en tirer parti. Sans l'intervention toute
désintéressée de M. Lefèvre, tous ces cuivres si précieux
pour notre art eussent été livrés au planeur.

IV. *Guide pratique du Compositeur et de l'Imprimeur typographes*, suivi de Notices précises sur les divers cli-
chages et sur la galvanoplastie. Nouvelle édition,
augmentée et refondue en un seul volume. Mesnil
(Eure), typographie Firmin-Didot. Paris, librairie de
Firmin-Didot et Cie, 1883, gr. in-8 de xiv (compris le
faux titre, le titre, la Dédicace, l'Avant-Propos de la

duction à l'Histoire de l'Imprimerie (p. 1-8); l'Histoire de l'Imprimerie
(p. 9-44) ; puis la partie technique (p. 46-92).

Quatre paragraphes sont publiés. Il en reste onze à paraître et la Table des
matières.

L'ouvrage devait être publié en trois livraisons d'environ 150 pages chacune,
mais il est plus que probable que ce nombre eût été dépassé d'au moins une
livraison.

Depuis le mois d'octobre 1844, époque à laquelle M. Rignoux a corrigé la
dernière épreuve de tout le texte consacré aux presses, depuis celle de Badius
Ascencius jusqu'à celle de Stanhope, texte dont il peut aussi revendiquer la
rédaction, depuis cette époque, disons-nous, rien n'a été composé. Dans les
planches de ce curieux travail, toutes les presses sont démontées et *légendées*.
Hélas! M. Rignoux, arrivé péniblement à la fin de sa carrière, sans cesse
préoccupé de ses affaires commerciales, ne peut plus avoir le feu sacré de son
art. Toutes ses capacités typographiques sont maintenant paralysées, et il est à
croire que son ouvrage ne sortira plus de ses cartons.

M. Rignoux est le doyen des imprimeurs parisiens : il est dans sa soixante-
seizième année.

Dans le *Musée des Familles*, avril 1837, p. 207-215, l'historique de l'Imprimerie que renferme cette livraison a été en partie reproduit, mot pour mot
et ligne pour ligne, cependant avec quelques changements pour arriver à une
plus prompte conclusion. Cet article est signé : P. CAPELLE.

Nous avons connu dans l'imprimerie un homme tout à fait étranger au
métier, un paysan du nom de Bertrand, qui se mettait au courant des impositions en numérotant des coins.

4

première partie (1855), l'Avant-Propos de la deuxième partie (1872), la Préface (1883) et 756 pages, fig. — Prix : 20 francs.

Aujourd'hui encore M. Théotiste, qui ne peut, malgré son grand âge, rester inoccupé, corrige des épreuves, revise pour la maison Didot, et jette, sur un certain nombre d'impressions, son coup d'œil d'expert en typographie, afin de ne pas laisser se grossir le chapitre des *boulettes*, assez enflé de nos jours.

HENRI FOURNIER.
19 Novembre 1800 — 12 Mars 1888.

II.

HENRI FOURNIER.

*Roberto Stephano non solùm Gallia,
sed universus christianus orbis plus
debet, quàm cuiquam fortissimorum
belli ducum ob propagatos fines patria
unquam debuit ; majusque ex ejus
unius industriâ, quam ex tot præclarè
bello et pace gestis, Franciscum decus et
nunquam interitura gloria redunda-
vit.* (De Thou, *Hist. Univ.*)

M. Henri Fournier est né à la Rochecorbon (Indre-et-Loire)[1], le 19 novembre 1800.

A la fin de 1816, il termina, avec le plus grand succès, ses études à Tours, et il vint à Paris redoubler sa rhétorique, puis sa philosophie.

En décembre 1818, il entra comme élève dans la maison Firmin-Didot[2]. Deux ans après, en octobre 1820, MM. Didot lui confièrent la *proterie* en remplacement de M. Plon[3], grand-père de M. Eugène Plon.

1. C'est là que M. Fournier passe actuellement la belle saison, dans la maison natale. L'hiver, il habite la rue Chaptal, à Tours.

2. Cette imprimerie, qui était alors véritablement normale, forma, à notre connaissance, trois élèves de la plus rare distinction : 1° Jules Claye, 2° Fournier, 3° Gustave Silbermann, le célèbre typographe de Strasbourg, celui qui fit faire tant de progrès aux impressions typographiques en diverses couleurs. A côté de ces célébrités viennent se placer M. Théotiste Lefèvre, en qualité de prote-directeur, et Lainé, dont le véritable nom était Riqueur. Il était un peu brusque, mais il avait sa valeur. Nous ne parlerons pas de Dusacq, qui parvint, nous le répétons volontiers, à éloigner les meilleurs clients de la maison par son caractère acariâtre, et à dégoûter MM. Didot de leur imprimerie de Paris. Dusacq, qui est décédé depuis quelques années, se fit éditeur d'estampes.

3. La famille Plon est d'origine danoise ; elle francisa son nom, qui était Ploën. Le chef de cette famille débuta chez Paul Dupont en qualité de prote. Il nous semble le voir encore avec sa figure fortement colorée, et sa cravate

Nous arrivons à l'année 1824. M. Fournier comprit
vite qu'il pouvait faire quelque chose de mieux que de
diriger une grande imprimerie; *il voulut voler*, comme
il dit, *de ses propres ailes*. Au mois d'août de ladite année,
un ami véritable[1], chose si rare aujourd'hui, lui offrit
de le commanditer, car il avait vu à l'œuvre notre jeune
typographe. M. Fournier s'empressa d'accepter, car on
allait au-devant de ses désirs les plus ardents, et cet ami
n'eut certes pas à s'en repentir. Le gouvernement
d'alors, très chatouilleux, très susceptible en matière
de presse, retira le brevet de M. Nouzou, dont l'imprimerie était située au n° 9 de la rue de Cléry. M. Fournier
acquit ce brevet nu, et le fit transférer en son nom. Il
sauva, par là, une somme de 20,000 fr. aux intéressés,
car, en ce temps-là, c'était le prix ordinaire d'un brevet[2].

Nous venons de voir que ce brevet était nu, c'est-à-
dire sans aucun client. Mais, grâce à l'activité inces-
sante de M. Fournier, à sa rare intelligence, il s'en attira
bientôt ; il se forma bien vite une bonne et fruc-

---

blanche en toute saison ; il était très coquet et bien de sa personne. En quittant
la maison Dupont, il entra à l'imprimerie de la Banque de France, où s'exécutent
certains travaux délicats que l'on ne voudrait pas confier à une imprimerie du
commerce. C'est dans cet atelier retiré que l'on imprime tous les billets et
que l'on remplace ceux détériorés ou hors d'usage.

Il eut plusieurs fils, tous chez Paul Dupont. Henri, l'aîné, le père d'Eugène,
était un typographe très habile et très laborieux ; il venait à quatre heures du
matin pour mettre en pages le *Bottin*. — Prosper et Hippolyte étaient de bons
compositeurs, de forts *leveurs* de lettres, ainsi que Charles. Le plus jeune,
Auguste, si notre mémoire est fidèle, apprit la profession de graveur sur bois,
et s'aida de son art pour devenir *conducteur*.

1. Nous croyons que cet ami intime pourrait bien être M. Taillefer, ancien
député, compatriote de M. Fournier, apparenté aux Didot et propriétaire de
l'immeuble de la rue Saint-Benoît, où s'exploite la grande imprimerie Claye-
Quantin-May.

2. C'est une preuve de plus que les anciens imprimeurs brevetés sont dans
leur droit en réclamant une indemnité, puisqu'ils ont acquis ce titre d'une

tueuse clientèle ; les bons et sérieux éditeurs affluèrent dans cette imprimerie naissante et déjà d'une réelle importance.

C'est en 1836 qu'elle fut mise en actions par son titulaire, et la somme nécessaire fut tout de suite couverte, car lui ne faisait alors que des affaires de bonne foi et productives, contrairement à tout ce qui s'est passé et se passe encore aujourd'hui.

Six années après, le commanditaire, désintéressé, put se retirer, volontairement bien entendu, de l'association.

Pendant tout ce temps écoulé, M. Fournier s'était servi, comme prote, de Claye, l'ami dévoué qu'il sut de suite apprécier et qui, au bout de douze années d'une intelligente *proterie*, lui succéda, à la satisfaction d'une nombreuse clientèle choisie.

Enfin, en 1855, M. Fournier reçut, comme collaborateur, la médaille de première classe, et, sur la présentation du Jury National, la croix de la Légion d'honneur.

M. Fournier profita de la liberté, non pour se reposer, car des hommes de cette trempe ne restent jamais inactifs, mais pour retourner à Tours, auprès de ses vieux parents, propriétaires à Rochecorbon. Mais, retiré des affaires, il ne pouvait vivre dans l'oisiveté. La maison Mame, cette véritable usine, dans la bonne expression du terme, cette grande imprimerie, avait suivi pas à pas la carrière si rapidement parcourue par son compatriote. Aussi s'empressa-t-elle de confier à M. Fournier la direction de cette importante maison,

---

manière onéreuse. On doit leur tenir compte du préjudice à eux causé par la liberté de l'imprimerie.

véritablement normale, puisque tout s'y trouve réuni, tout ce qui a rapport à la confection du livre. C'est, du reste, une véritable cité ouvrière, car le nombreux personnel, qui y est constamment occupé, y trouve le bien-être sous tous les rapports et un avenir assuré.

Enfin, à soixante-neuf ans, fatigué par tant de *labeur* (sans jeu de mots) et aussi par l'âge, il songea sérieusement à prendre sa retraite, et eut la satisfaction de se voir succéder, dans cette importante direction, par son gendre, M. Arthur Viot, qui y apporta, à son tour, toute son activité et ses capacités.

On doit aux presses de Fournier les principales publications qui suivent, avec les illustrations de Grandville :

Les *Fables de La Fontaine*,

Les *Voyages de Gulliver*,

Le *Robinson Crusoé*,

Un Autre Monde,

Les *Cent Proverbes*,

Les *Chansons de Béranger*,

La *Chine ouverte*, illustrations de Borget, etc., etc.

Il a, en outre, imprimé les principaux ouvrages illustrés des librairies Furne, Gosselin, Perrotin, etc.

Nous possédons le *Prospectus* (second) des *Œuvres complètes* de Voltaire en deux volumes in-8, et de Rousseau en un volume in-8.

Ces éditions, imprimées par Fournier, sortent des ateliers de la rue de Cléry. Le Voltaire, qui ne devait former que deux volumes, en a trois. Le Rousseau est bien en un seul volume.

Brunet (*Manuel du Libraire*) dit, en parlant de cette édition du Voltaire, que c'est un livre passablement exécuté, mais lui reproche de n'avoir pas de table analytique. Ces deux éditions sont, au contraire, très soignées, avec leurs caractères infiniment petits et leur encadrement en filets maigres. On connaît les difficultés qu'il y a à vaincre, et pour le tirage avec des caractères microscopiques, et pour les traits si délicats de l'encadrement.

Nous avons eu sous les yeux trois volumes d'un Voltaire microscopique. Le papier, en coquille mince, s'est malheureusement piqué, comme tant d'autres éditions de cette époque. Ces papiers piqués faisaient la désolation de Curmer, lui si soigneux, si méticuleux, si artiste, et non décoré...

On lit au commencement du *Prospectus* de M. Fournier :

« On ne peut guère compter que deux classes de lecteurs : les uns, qui exigent dans les éditions une économie qui ne nuise cependant pas à leur exécution ; les autres, qui recherchent celles que distingue un grand luxe typographique. On sentira tout d'abord combien les éditions des *Œuvres complètes* de Voltaire et de J.-J.-Rousseau que nous annonçons sont faites pour satisfaire les premiers : une différence qui, de plus des trois quarts pour le prix de l'exemplaire, devient incalculable pour le prix de la reliure, tel est le titre de notre entreprise à leur faveur. Un papier vélin qu'on peut regarder comme l'un des produits les plus *remarquables* de nos fabriques, un caractère régulier dans ses proportions, élégant dans ses formes, fondu en *matière dure* avec les moules polyamatypes de M. Henri Didot, et continuellement renouvelé, nous donnent assez de confiance pour croire que nous saurons rendre ces publications dignes du suffrage des derniers... »

On trouve au bas dudit Prospectus les noms de Verdière, Dupont et Roret, Ponthieu, Bossange père, et sur les titres des volumes celui de Sautelet.

On a de M. Fournier:

I. *Traité de la Typographie*, par Henri Fournier, imprimeur. Paris, imprimerie de H. Fournier, rue de Seine, n° 14. C.-A. Sautelet et Cie, libraires, place de la Bourse, 1825, in-8 de XIII (faux titre, titre et Dédicace compris) et 325 pages. Imprimé sur papier vergé.

L'Introduction est remplie de recherches curieuses.

On trouve ce nota après le Vocabulaire typographique : « Ce Vocabulaire ne comprend que les mots qui n'ont pu être définis ou suffisamment expliqués dans le cours de l'ouvrage. »

Divisé en trois parties : la première renferme la Composition; la seconde, le Tirage; la troisième, De l'administration d'une imprimerie.

DÉDIÉ A MONSIEUR FIRMIN-DIDOT,

Comme à l'homme dont l'amitié m'honore le plus, et dont le suffrage me serait le plus cher, son élève reconnaissant,

H. FOURNIER.

Vis-à-vis de la page 293 se trouve une page relative aux corrections, page qui ne laisse rien à désirer comme disposition; elle est exécutée typographiquement. L'auteur nous l'apprend d'ailleurs, dans une note placée au bas de la page 292 :

« Nous nous plaisons à reconnaître ici que nous devons à M. Brun l'ingénieuse idée d'un tableau de corrections exécuté avec les seuls procédés de l'imprimerie. Cet habile typographe a donné, dans le *Manuel* qu'il vient de publier, le premier exemple d'une semblable innovation. »

Le traité de M. Fournier est rempli de détails techniques d'une véritable valeur; l'auteur a trouvé un moyen ingénieux pour figurer les impositions. Il se termine par un Vocabulaire typographique et une Table des matières.

Cette première édition de l'ouvrage de M. Fournier a été contrefaite, en 1826, dans le même format, par P.-J. De Mat, imprimeur-libraire à Bruxelles, et il est à remarquer que, pour un ouvrage traitant de l'imprimerie, deux folios sont faux; au lieu de 262 et 263, il faut lire 272 et 273. C'est une négligence impardonnable dans un ouvrage technique.

II. *Traité de la Typographie.* Deuxième édition, corrigée et augmentée. Tours, Ad. Mame et Cie. Delarue, libraire, 1854, in-18 de xii et 408 pages. Prix : 3 francs.

La Dédicace à M. Firmin-Didot est reproduite.

Faux titre, titre, division de l'ouvrage, Avant-Propos pour cette deuxième édition, ensemble xii pages. L'ouvrage est en trois parties, comme dans la première édition.

Le *N. B.* qui suit le Vocabulaire typographique se trouve quelque peu modifié : « Ce Vocabulaire est loin de comprendre toute la langue technique de la typographie, dont l'ensemble est fort riche ; on y trouvera seulement un petit nombre de mots qui n'ont pu être définis, ou suffisamment expliqués, dans le cours de cet ouvrage. »

La pagination commence par la Préface et continue par l'Introduction et le texte, et, comme dans l'in-8, ce volume se termine par la Table des matières.

Comme nous l'avons fait remarquer plus loin, ce format est d'une commodité extrême.

Derrière la Dédicace, nous lisons :

« La première édition de ce *Traité* parut sous les auspices de M. Firmin-Didot, à l'école duquel l'auteur avait étudié et pratiqué. Aujourd'hui c'est à la mémoire de ce savant, de cet éminent artiste, que ce livre reste dédié. Heureusement pour l'avenir de la typographie, cet homme si regrettable n'est pas mort tout entier ; ses fils, MM. Ambroise (Alfred) et Hyacinthe, après avoir noblement soutenu l'honneur du nom, se disposent à transmettre à une nouvelle génération ce glorieux héritage. »

M. Thunot a été chargé par la Chambre des imprimeurs de faire un rapport sur cette nouvelle édition, dans sa conférence du 3 avril 1854. Ce rapport a été imprimé aux frais de l'Association, et forme 8 pages in-18. Il est écrit avec clarté et précision et résume parfaitement le remarquable travail technique de M. Fournier.

Dans le discours que nous avons prononcé le 6 avril 1856, lors de notre réception comme membre honoraire de la Société des protes, en rendant compte de différents manuels techniques, nous n'avons pas oublié M. Fournier, et voici comment nous nous exprimons à l'égard de notre ancien typographe :

« Après M. Brun, comme prote ayant écrit sur son art, vient un homme de la plus rare distinction, un élève de Didot; vous devinez le nom de M. Fournier. Je cite avec intention ce typographe célèbre, parce qu'il est aujourd'hui prote-directeur de l'imprimerie la plus vaste et la plus considérable, non seulement de France, mais encore de toute l'Europe, celle de Mame frères et Cie, de Tours. L'ouvrage de M. Fournier, quoique un peu trop didactique dans certains articles et pas assez dans d'autres[1], a eu deux éditions, la première in-8, et la dernière dans le format Charpentier, ce qui la rend, pour les typographes, d'un usage plus commode. Cet habile praticien vient de recevoir la croix de la Légion d'honneur, et comme chef d'atelier et comme auteur typographe. »

III. *Traité de la Typographie*. Troisième édition. Tours, Alfred Mame et fils, éditeurs. Garnier frères, libraires, in-8 de 466 pages, compris le faux titre, le titre, la même Dédicace à M. Firmin-Didot, et le verso pareil, l'Avant-Propos pour cette troisième édition, et la Préface.

Cette troisième édition est épuisée, et ne sera pas réimprimée.

Contrairement aux deux éditions précédentes, celle-ci est divisée en quatre parties; la quatrième est consacrée à un Appendice.

A la Table analytique et Vocabulaire, M. Fournier ajoute : « *N. B.* Ce Vocabulaire comprend un certain nombre de mots qui n'ont pu être définis, ou suffisamment expliqués, dans le cours de l'ouvrage. Cette Table ne ressemble pas à celle des deux éditions précédentes. »

1. Après avoir lu notre discours, M. Fournier nous a avoué que nous avions raison.

On a procédé à un tirage à 50 exemplaires avec de fausses marges, pour en faire de grands papiers de Hollande, c'est-à-dire que, par économie, l'on a tiré sans changer les blancs ou garnitures. Brunet les appelle spirituellement, dans son *Manuel du Libraire*, exemplaires avec des *témoins à charge*. Il est certain que l'on ferait mieux de tirer sur un papier vergé quelconque, du même format, que de donner ces *faux grands papiers*.

On doit encore à M. Fournier[1] l'intéressant article : IMPRIMERIE, dans le *Guide pour le choix d'un état,* au *Dictionnaire des professions*, rédigé sous la direction de M. Edouard Charton, rédacteur en chef du *Magasin pittoresque.* Paris, imprimerie de Bourgogne et Martinet, librairie de Ve Lenormant, 1842, grand in-8 de XVI et 587 pages.

M. Chamerot, libraire, en a donné une seconde édition. Paris, 1851, in-8 de VIII et 565 pages. (Note publiée dans notre *Discours aux Protes*, en 1856.)

Nous disions dans notre *Discours aux Protes :*

« Je ne cite pas l'ouvrage de M. Rignoux, puisque M. Rignoux est maître imprimeur et non *prote*, et que, d'ailleurs, son excellent *Manuel* est resté malheureusement inachevé, et que son format in-4 est loin

---

1. Par une singulière coïncidence, deux Fournier ont illustré leur art. Pierre-Simon Fournier, graveur et fondeur en caractères, a donné un excellent *Manuel typographique,* consacré à la fonderie, en deux vol. in-12, avec planches, imprimés chez lui en 1764-1766, malgré les vives réclamations de la Communauté des Imprimeurs. L'auteur était en train de rédiger les deux derniers volumes, renfermant l'Imprimerie et l'Histoire des typographes célèbres, lorsque la mort vint le surprendre au milieu de tous ses beaux projets.

Nous avons également deux Brunet de beaucoup de réputation : l'auteur du *Manuel du Libraire*, et Gustave Brunet, de Bordeaux, aussi fort en bibliographie que son homonyme de Paris.

d'être commode. Cependant, l'unique livraison de cet habile typographe fait vivement regretter et désirer le reste. »

Depuis que cette Notice a été rédigée, M. Fournier est décédé dans la maison paternelle, où il a voulu finir ses jours. Il était âgé de quatre-vingt-sept ans et quatre mois.

De son côté, M. Quantin a esquissé la vie tout entière de M. Henri Fournier dans le *Livre* du 10 mai dernier, qu'il a eu la gracieuseté de nous faire parvenir. Nous n'avons pu, non plus, profiter de ces remarquables renseignements biographiques.

Nous n'avons rien changé à la rédaction de tout ce qui précède. Nous avons cependant reçu de son gendre, M. Arthur Viot, un numéro du *Journal d'Indre-et-Loire* des lundi 12 et mardi 13 mars dernier, dans lequel M. Jules Delahaye a rendu compte de la longue carrière parcourue par cet homme de bien.

JULES-ALEXANDRE-SATURNIN CLAYE,
11 Mai 1806 — 8 Juillet 1886.

Quelques semaines avant le décès de M. Claye, nous lui avions fait part du projet de consacrer une notice aux quatre doyens de la typographie parisienne. Il s'y prêta volontiers, en nous donnant de suite deux photographies et en désignant celle qu'il faudrait reproduire.

Les deux notices sur Fournier et Claye se lient tellement ensemble, qu'il nous a été impossible d'éviter des doubles emplois ; il y a de ces redites nécessaires.

Peut-être que l'apparition de ces quatre notices donnera, à son tour, l'idée d'en consacrer de semblables aux doyens de la librairie française. On y verrait figurer le nom de l'honorable M. Gaume, ancien libraire, aujourd'hui presque centenaire. Avant que d'être un libraire recommandable par sa loyauté, M. Gaume débuta dans l'artillerie. Dès qu'il put quitter le métier des armes, il se jeta résolument dans le commerce, et s'il a combattu désormais, cela a été pour la bonne cause.

ALKAN AINÉ.

III.

JULES-ALEXANDRE-SATURNIN CLAYE [1].

> L'apprentissage est une
> œuvre capitale, irrémédiable
> si elle n'a pas été bien ac-
> complie.
>
> Henri FOURNIER.

Nous allons faire la biographie succincte d'un typo-graphe parisien de la plus rare distinction, car pour tout dire, pour tout révéler de cette existence si bien remplie, il faudrait un volume, et l'espace nous manque.

Jules Claye est né à Paris, le 11 mai 1806. Son père était un modeste commerçant établi dans le cloître Saint-Benoît, aujourd'hui disparu pour faire place à l'Hôtel de la Société d'Encouragement. Il n'a donc reçu qu'une éducation ordinaire, et ce n'est qu'à force de travail et par une intelligence native qu'il est parvenu à la plus haute réputation qu'un imprimeur puisse atteindre.

La maison Didot n'a formé que trois élèves. Nous avons déjà nommé Fournier, ajoutons Claye et Gustave Silbermann, de Strasbourg, qui a accompli des mer-veilles dans la typochromie et les impressions métal-

---

1. Nous n'avons rien voulu lire de ce qui a été publié sur la vie si remplie de M. Claye ; nous n'avons jeté qu'un coup d'œil prompt, çà et là, sur l'article nécrologique de M. Charles Noblet, mais seulement lorsque notre notice était déjà sous presse.

liques en or, argent et bronze, dans un moment où
cette nouvelle branche ne faisait qu'apparaître chez
nous [1].

Pendant quelque temps, d'après ce qu'il a bien voulu
nous révéler dans sa rare modestie, il était — dans
la carrière qu'il a si rapidement parcourue —
simple compositeur à un journal. Ce n'était certes
pas là sa place, il le comprit bien vite, et M. Fournier
l'appela à la proterie de l'imprimerie qu'il venait de
fonder rue de Cléry. Sous la direction de cet habile

---

1. Deux commis sont sortis de cette maison. L'un n'y était que pour se
former; c'était un élève, c'est Rothschild, qui alla monter une librairie spéciale
rue Saint-André-des-Arts. Son établissement prit bientôt de l'extension, et
il le transporta dans la rue des Saints-Pères. Il eut de suite la chance d'avoir
pour auteur un spécialiste d'une réputation européenne pour les jardins : on
devine le nom de M. Alphand, directeur des travaux de Paris, qui entraîna à
sa suite les sommités des sciences naturelles. M. Rothschild publia une série
d'ouvrages d'une bonne facture et joliment et intelligemment illustrés.
Il eut encore la veine de pouvoir joindre à son titre de libraire celui d'un con-
sulat. Lorsqu'il était encore établi dans la rue Saint-André-des-Arts, il nous
avoua que sa profession de libraire ne résonnait pas agréablement aux oreilles
des Rothschild, mais je crois que nos célèbres banquiers s'en souciaient comme
de colin-tampon; d'ailleurs il y a plusieurs Rothschild qui exercent des professions
plus ou moins distinguées.

Quant à l'autre commis, c'est autre chose.

M. Hyacinthe Didot nous avait chargé de la liquidation de quelques ouvrages
de sa librairie. Par suite, nous nous trouvâmes en rapport avec un jeune
commis, M. Séris. Il eut le flair de deviner que je pourrais lui être d'une grande
utilité pour améliorer sa modeste position de commis aux appointements
modiques, et sollicita notre protection. Nous avions et nous avons encore
de bonnes relations avec la maison Paul Dupont, qui nous avait pris en amitié.
Le chef de la librairie se livrait à l'alcoolisme ; il rentrait souvent dans son
bureau ne pouvant plus se tenir debout. On le tolérait par habitude, on le sup-
portait toujours. Un jour, il eut quelques factures à toucher, et en disposa.
Ce fut le comble : M. Paul Dupont voulut absolument le remplacer et nous
demanda quelqu'un. Si Séris m'avait *deviné*, je l'avais *deviné* de mon côté.
J'en fis l'ouverture à M. Dupont, et, sur ma chaude recommandation, il
l'accepta. Il eut de suite de beaux appointements, et, les circonstances aidant,
il est arrivé aujourd'hui à une très jolie position ; il est vrai que M. Séris est
un homme intelligent. Et la reconnaissance ? — N'en parlons pas...

maître de notre art, M. Claye ne tarda pas à l'égaler,
et même plus tard à le dépasser, lorsqu'à son tour il fut
livré à ses propres forces, et put *voler*, comme l'on dit, de
ses *propres ailes*, et il a prouvé ce que l'homme peut réaliser lorsqu'il a une volonté de fer.

C'est en 1835, à l'âge de vingt-neuf ans, qu'il s'est
vu à la tête d'une maison où l'on imprima de si beaux
ouvrages. C'est donc à cette véritable école typographique qu'il s'est formé, à cet établissement normal.

M. Fournier aimait la Touraine, son pays natal, et
il avait toujours caressé le rêve d'y retourner un jour.
L'établissement de la rue de Cléry fut installé au
numéro 12 de la rue de Seine, pour cause d'agrandis-
sement. Bientôt on y fut trop à l'étroit, et l'immeuble
de la rue Saint-Benoît fut offert par M. Taillefer.

M. Claye succéda enfin à son ancien patron, à
son protecteur, à son ami intime, et la maison prit de
suite une extension à nulle autre pareille. Non-
seulement les anciens clients demeurèrent fidèles,
mais de nouveaux y abondèrent, et n'eurent qu'à se
féliciter de leurs relations avec M. Claye, surtout
Hetzel[1], cet habile et consciencieux éditeur, cet auteur

---

1. M. Jules Hetzel (connu sous le pseudonyme de P.-J Stahl), né à Chartres
(Eure-et-Loir), le 15 janvier 1815, et décédé à Monte-Carlo, le 19 mars 1886,
principalement auteur-éditeur de la *Bibliothèque* et du *Magasin d'Éducation et
de Récréation*. A cause de certain *revers*, les négociants ne peuvent pas être
décorés. Le Gouvernement de la République a eu cent fois raison de passer
outre et de le nommer chevalier de la Légion d'honneur, mais son nom
n'a point paru au *Moniteur*. A ça près, le gouvernement de Louis-Philippe
et celui de Napoléon III auraient bien dû en agir de même à l'égard de
Curmer, qui a rendu de si grands services à notre librairie. Pauvre Curmer !
C'était pourtant, lui, un véritable artiste.

M. Armand Colin a consacré une Nécrologie à Hetzel dans la *Chronique
du Journal de la Librairie* du 3 avril 1886, avec un tirage à part, et M. Hetzel

estimé d'un grand nombre d'ouvrages moraux, la plupart destinés à la jeunesse.

Avant l'arrivée de M. Claye, on croyait généralement que les presses mécaniques n'étaient pas capables de tirer des ouvrages de luxe avec des illustrations sur bois. M. Claye se livra avec ardeur à cette véritable transformation. Il est vrai que les presses si coquettes, si propres, si parfaites de feu M. Alauzet le séduisirent de suite, et cet habile mécanicien lui dut, en majeure partie, la reputation de sa maison, qui, à partir de cette époque, alla toujours en grandissant.

Il avait d'abord débuté, en suivant la tradition de ses devanciers, sur les machines d'un autre mécanicien de beaucoup de réputation, Dutartre. Il est vrai, hâtons-nous de le dire, que l'encre fut aussi beaucoup améliorée, et fabriquée exprès pour les presses mécaniques et leurs produits multiples.

Il aimait les impressions d'une teinte grise, mais uniforme, d'une pâleur suivie, continue, pendant tout le tirage d'un même ouvrage. Il était peut-être dans le vrai, jusqu'à un certain point. Il avait remarqué que les spécimens de nos meilleurs fondeurs en caractères étaient très peu couverts d'encre, afin de faire ressortir toute la netteté, la pureté du poinçon. Mais nous croyons qu'il ne saurait en être de même des gravures, dont certains effets demandent, au contraire, à être fortement accusés.

Feu Pierre Jannet, lui, le savant et laborieux éditeur de la *Bibliothèque elzévirienne*, exigeait, au contraire, des

fils l'a reproduite, avec une réunion d'autres articles, dans une très intéressante brochure grand in-8, ornée de deux portraits, comme supplément au *Magasin d'Éducation et de Récréation.— Le Monde illustré*, du 27 mars 1886, a donné un très beau portrait d'Hetzel dans son format.

impressions très noires. Cela tenait sans doute à l'organisation de sa vue.

M. Claye avait comme prote à la composition un nommé Maréchal, qui sortait de l'imprimerie Paul Dupont. C'était un ouvrier hors ligne, connaissant parfaitement son état. En relations journalières avec la librairie Hetzel, il finit par y entrer et rendre de grands services dans sa spécialité. Il est décédé il n'y pas longtemps.

« L'établissement régulier des garnitures, fait remarquer M. Claye, à la page 89 de la première édition de son *Manuel*, tient une telle place dans la bonne exécution d'un livre, qu'elle a arrêté l'attention d'un praticien habile, M. Hervé Maréchal, qui a publié à ce sujet un travail où, à l'aide du calcul, il a posé des règles fixes pour l'exécution des garnitures. »

M. Maréchal a donné de la publicité à son travail, dont l'utilité ne saurait être contestée. On trouve la description de sa brochure reproduite, avec l'autorisation de notre typographe, dès la seconde édition du *Manuel* de M. Claye. Elle a pour titre : *Guide pratique pour l'établissement des garnitures de tous les formats, quelles que soient les dimensions du papier*, seconde édition corrigée. Paris, J. Claye, imprimeur-éditeur, 1863, grand in-8 de 8 pages, titre compris. — Prix : 25 cent.

Dans la deuxième-troisième édition, M. Claye a reproduit, sous le titre d'Appendice, la brochure de M. Maréchal, qui forme les pages 155 à 166.

A son tour, M. Claye songea sérieusement à se retirer, et il eut la bonne chance de trouver sous la main un habile, laborieux et intelligent successeur, M. Quantin, qui mit de suite en pratique les idées de M. Claye,

c'est à savoir de se faire éditeur. Il réalisa grandement,
d'une manière gigantesque on peut le dire, le rêve de
la vie tout entière de M. Claye, mais il songea trop à
le mettre en pratique. C'est d'ailleurs une grave déter-
mination pour un imprimeur de se faire éditeur, car, à
partir de ce jour, les libraires, à tort ou à raison, aban-
donnent sa maison, et cela se conçoit facilement : on
ne peut confier les secrets de sa profession, ses projets ultérieurs, à un rival. Il faut alors ne travailler que
pour soi.

M. Quantin fit plus que de succéder à M. Claye :
il se rendit acquéreur de toutes les obligations dont
son prédécesseur était porteur.

Pour les nombreux clients choisis, M. Claye n'était
pas seulement un ami d'un jugement sain, mais encore
un excellent conseiller. Plusieurs éditeurs lui doivent
le succès de certaines publications.

Son cabinet de la rue Saint-Benoît, où il a passé les
dernières et plus belles années de son existence, et les
longues pièces pour y arriver, étaient ornés de plusieurs
tableaux de prix et de dessins rares, et de vieilles faïences
aujourd'hui d'une grande valeur. Il encourageait même
les jeunes artistes qui débutaient dans la carrière. L'un
d'eux, chez qui il nous pria d'aller de sa part, afin de
savoir si un tableau de salle à manger s'avançait, lui
dut ses succès naissants. C'était un artiste plein
d'avenir. Mais la mort l'a empêché d'avancer : elle l'a
moissonné dans toute la force de l'âge et la puissance
de son talent.

Comme pour les livres, il faut beaucoup de place à
ces intéressants envahisseurs, et un beau jour on ne
sait plus où les accrocher, où les mettre. Claye dut faire

un choix et procéder à une vente qui eut le plus grand succès.

Son bureau était rangé avec symétrie; on devinait de suite l'homme d'ordre. Sa loupe en faisait partie ainsi que le mètre, deux choses nécessaires pour bien vérifier les tirages et les blancs. Toutes les tierces lui passaient indistinctement sous les yeux.

Nous arrivâmes un jour à son bureau. Le conducteur vint lui présenter une tierce; machinalement, et sans vouloir commettre la moindre indiscrétion, nous y jetâmes les yeux, qui tombèrent de suite sur des notes marginales. Jugez de notre surprise de les voir placées presque aux bouts. Nous fîmes de suite remarquer cette négligence grave du metteur en pages[1]. — « M. Claye, lorsqu'on portera ce volume à la reliure, les notes marginales tomberont en partie sous le couteau. » — « Oh! combien je vous remercie! » — Heureusement la boulette était sur la première feuille.

Son cabinet avait aussi, comme de raison, une bibliothèque d'ouvrages choisis, en commençant natu-

---

1. Un metteur en page de chez Alcan-Lévy a manqué de faire recommencer, à ses frais, un tirage à 1,500 exemplaires sur vergé d'une feuille de la Bibliothèque elzévirienne, les *Œuvres complètes de Rutebœuf*, trouvère du XIIIe siècle (en 3 volumes in-16). Voici le fait. Cette édition fut entièrement confiée à nos soins typographiques et autres, M. Achille Jubinal étant tombé en paralysie dès l'impression des premières feuilles. Nous suivions pas à pas la mise en pages et le tirage. Par un hasard extraordinaire, nous regardâmes un jour une tierce présentée à la révision de Saint-Léger, le prote. Il y avait dans une page plusieurs notes qui apparaissaient là pour la première fois. Un examen plus attentif nous révéla que cette page ne faisait nullement partie de cette feuille. On fait venir le metteur, qui avoua qu'il avait *mis en pâte* une page, et qu'il s'était mis à la recomposer sans avertir personne, afin de ne pas *recevoir un galop*. La copie était sur sa casse. Il s'absenta un instant pour une cause quelconque, un coup de vent vint retourner le feuillet, et il se mit à composer une page pour une autre. Ce n'est pas plus malin que ça. Il a fallu suspendre le tirage et se reprendre par la main.

rellement par ceux sortis de ses presses, et choisis feuille à feuille, et les nombreux cadeaux dont il était chaque jour comblé. Il va sans dire que cette bibliothèque fait partie de sa retraite de la rue de Sèvres, ainsi qu'un choix de tableaux qu'il affectionnait le plus.

M. Claye a rendu beaucoup de services pendant sa longue carrière. On ne frappait jamais en vain à sa porte. Pour la gérance de sa maison, il appelait à lui les hommes les plus capables. Il a puissamment contribué, il y a bien des années déjà, au bien-être d'une famille parisienne, et aujourd'hui encore plusieurs membres de cette famille s'en ressentent. Il est vrai qu'il a commencé par largement rétribuer son chef, car il ne lésinait jamais. A-t-on toujours été reconnaissant envers un homme si digne, *that is the question* ?... Il est des êtres pour qui la reconnaissance est un fardeau si lourd à porter qu'ils le laissent tomber sur les pieds de leur bienfaiteur : l'ingratitude a toujours été à l'ordre du jour ; il y en a qui sont vivement vexés de vous devoir quelque chose, leur position, par exemple. M. Claye a été très utile à tous ses confrères en général, en créant une école typographique dans ses ateliers, à l'usage exclusif de ses apprentis ; beaucoup d'ouvriers de son temps auraient dû la fréquenter. Là, les apprentis apprennent tout ce qui concerne leur état, non seulement par théorie, mais encore on les fortifie dans leur langue, on les familiarise avec les règles de la ponctuation, car les *copies* que l'on met sous leurs yeux ne sont pas ponctuées : les auteurs s'en rapportent à l'imprimeur, et celui-ci à ses correcteurs. On les habitue, ces jeunes enfants, à lire les manuscrits difficiles, et ce promptement, sans s'aplatir dessus, sans cela ils ne seront jamais de bons compositeurs. Le sens de la phrase doit leur indiquer de suite le mot illisible, si toutefois ce n'est pas un nom propre. Ceci nous rappelle que M. de Champagny apporta un jour chez M. Vinchon, l'imprimeur de l'École de Droit, sa thèse pour le doctorat ; c'était un véritable grimoire, une écriture indéchiffrable, même pour les plus habiles compositeurs. M. Vinchon prit le parti de faire copier cette thèse par un praticien du Palais. Elle fut rendue avec une calligraphie irréprochable ; les fautes reproduites étaient moulées. Que l'on en juge : il y avait dans une phrase les *droits du père*, le scribe copia hardiment : les *chats du père*. (Historique.)

Si l'on sème de mauvais apprentis, on récoltera des compositeurs détestables. On n'est pas un bon ouvrier quand on ne connaît que sa casse et que l'on n'est pas familiarisé avec les impositions, que l'on ne sait pas faire les ouvrages de ville, et encore moins les tableaux.

Certains imprimeurs de Paris ont imaginé un singulier moyen de former des apprentis ; il les envoient en course du matin au soir : ce sont des *enfants de peine*, ils remplacent, à meilleur compte, les *hommes de peine*. Aussi, à la fin de leur apprentissage, sont-ils capables de devenir des cochers de fiacre, car ils connaissent bien toutes les rues de la capitale.

Pour récompenser un industriel de cette importance, M. Claye fut nommé chevalier de la Légion d'honneur[1]

---

1. Voir *Une Réunion de Famille industrielle*, souvenir du 2 septembre 1857. Paris, typographie de J. Claye, 1858, in-8 de 56 pages, compris le faux titre servant de titre et un feuillet signé F. Bouchez, correcteur ; chants et musique. — Renferme : TRAVAIL ET LAURIERS, à M. Jules Claye, paroles de J.-F. Arnould, musique de M. Lebas ; — La CROIX D'HONNEUR à M. Jules Claye, paroles de M. Teilmant ; — CHANT DES TYPOGRAPHES,

en 1857. Voici ce que nous avons imprimé à ce sujet :

« Nous avons annoncé la nomination de M. Claye, imprimeur, dans l'ordre impérial de la Légion d'honneur. A cette occasion, M. Claye a offert un banquet à tous les employés et ouvriers de sa maison, au nombre d'environ deux cents. On s'est réuni dans un grand restaurant de la Chaussée-du-Maine. La salle était vaste et bien disposée. Vis-à-vis de la table d'honneur, on

à TOUS LES CAMARADES, paroles de M. J.-F. Arnould, musique de M. Perrin. La musique a été obtenue par le procédé A. Cumer.

P. 30-33, allocution de M. Alkan aîné :

MONSIEUR,

« C'est un heureux jour pour tous les employés et ouvriers de votre *officine* (pour nous servir d'une vieille et noble expression typographique), c'est un beau jour pour eux et pour vos amis, que celui de cette réunion. Voyez, la joie la plus complète brille sur toutes les physionomies ; chez nous tous respirent le contentement et le bonheur ; vous n'êtes entouré que de sympathies.

« C'est qu'une noble récompense vous est accordée, c'est qu'une éclatante justice vous est rendue, c'est enfin que vous recueillez en ce jour le fruit de toute une carrière industrielle si laborieusement remplie.

« Dès votre entrée dans la lice, vous êtes arrivé vite au premier rang, en donnant aux travaux de votre maison une direction tout artistique. Chez vous, le sentiment de l'art est si développé qu'il vous donne la fièvre du beau ; chez vous, l'homme de goût et l'artiste se révèlent jusque dans les moindres détails ; en un mot, vous avez le feu sacré.

« Un des premiers, vous avez pressenti le parti avantageux qu'on pourrait tirer de l'instrument mécanique en l'appropriant, en le soumettant aux travaux de premier ordre, et plus particulièrement encore à l'impression de la gravure sur bois. Vous eûtes la volonté et le courage de vaincre la routine, cette ennemie acharnée qui arrête et entrave le progrès, et vous avez réussi par ces moyens à faire que les ouvrages illustrés confiés à vos presses fussent, pour ainsi dire, autant de chefs-d'œuvre ; les deux derniers, les *Galeries de l'Europe* et le *Gavarni*, quoique de genres si différents, prouveraient ce que nous avançons.

« M. Fournier, qui nous honore de sa présence, a prouvé la sagacité qui le distingue en vous désignant comme son successeur, lorsqu'il fut appelé à la direction de la première et de la plus considérable imprimerie du monde. Lorsque vous occupiez chez lui les fonctions de prote, il vit qu'il avait sous la main un homme qui devait lui succéder un jour, et reconnut qu'il trouverait en vous un *autre lui-même* : intelligence élevée, esprit droit et juste, tact sûr, jugement sain, administrateur consommé, typographe éminent, praticien dans toute la force du terme, et, quelque chose qui vaut autant et plus peut-être que toutes ces belles qualités réunies, parfait honnête homme.

« Votre croix de la Légion d'honneur a été précédée de nobles distinctions.

« L'administration municipale, constatant le rôle important que joue votre

avait groupé, dans un cadre admirablement sculpté, et sortant des ateliers de Susse, toutes les médailles que notre célèbre typographe a obtenues à nos diverses expositions industrielles, et au centre se trouvait la croix de la Légion d'honneur. Sur un fond en velours bleu, on lisait : OFFERT A M. CLAYE PAR SES OUVRIERS ET SES EMPLOYÉS. — AOÛT 1857. — Ce cadre était orné d'un grand nombre de lauriers. Derrière M. Claye, on voyait la statue en bronze de Gutenberg, réduction de celle de notre célèbre sculpteur David. Cette statue, chef-d'œuvre de ciselure, était également entourée de lauriers. C'était une surprise, dont l'initiative appartenait aux ouvriers de sa maison, qu'il ne cesse de com-

maison dans l'industrie parisienne, vous inscrivit sur la *Liste des notables commerçants*.

« A l'Exposition de l'Industrie de 1849, vous reçûtes une médaille d'argent.

« En 1851, à l'Exposition universelle de Londres, où cependant la lutte était vive avec nos voisins d'outre-Manche, vous fûtes honorablement distingué par la médaille de prix (*prize medal*).

« Dans la même année, l'Académie de l'Industrie, sous la présidence de M. César Moreau, vous décernait une médaille d'or.

« Notre exposition universelle de 1855 vous accorda la plus grande faveur, en vous inscrivant sur le tableau des industries hors ligne pour la médaille d'honneur. Peut-être méritiez-vous déjà la croix de la Légion d'honneur, mais on a voulu vous ménager une surprise en vous donnant l'une et l'autre.

« La Chambre des Imprimeurs elle-même, dont vous êtes membre, vous a déjà confié plusieurs fois des fonctions honorifiques et délicates.

« Enfin le Gouvernement, qui distingue et apprécie la noble profession d'imprimeur, récompensa la presse artistique, celle qui se voue aux progrès des sciences et des arts, et si, comme autrefois, les imprimeurs ne ceignent plus l'épée, s'ils ne sont plus reçus à la cour, du moins voyons-nous les honneurs venir les trouver et les surprendre jusque dans l'humble demeure du travail. On a couronné en vous le chef d'une *école typographique*.

« Il est beau, Monsieur, de porter sur sa poitrine les insignes de la Légion d'honneur quand, sorti de nos rangs, on s'est élevé de son propre mérite ; on est heureux d'être l'artisan de ses propres œuvres, et surtout, dans une carrière si laborieuse et si difficile, de n'avoir pas un seul reproche à se faire.

« Amis, anciens camarades, nous portons un toast à la santé de M. Claye, à ce patron modèle, au père, à l'ami des ouvriers ; à l'homme bon et juste qui voudrait, nous en sommes intimement convaincu, pouvoir dédoubler son ruban pour l'attacher à la boutonnière de chacun de vous !

« A la santé de M. Claye, à notre excellent patron, et au typographe par excellence, à l'ami vrai et sincère et dont l'attachement, le dévouement et la charité sont à toute épreuve. »

bler de sa sollicitude toute paternelle. L'image de Gutenberg devait figurer à cette solennité industrielle. Il était juste de ne pas oublier le père de la typographie, le héros obligé de la fête.

« M. Duverger, ancien imprimeur; M. Furne, libraire-éditeur; plusieurs artistes distingués ; un magistrat ; les amis intimes de M. Claye et plusieurs anciens typographes, ont honoré de leur présence ce banquet tout fraternel. Il est impossible de décrire tout ce qui s'y est passé d'émouvant. A plusieurs reprises, M. Claye a versé des larmes bien douces. Parmi les chants, qui ont été vivement applaudis, on a remarqué celui des *Typographes*, exécuté par les ouvriers de sa maison. Vers deux heures est arrivé de Tours M. Fournier, le digne prédécesseur de M. Claye. On sait qu'il est le directeur de la vaste imprimerie de MM. Mame et Cie. Son arrivée a été saluée par de vifs applaudissements ; il était tellement ému de l'accueil flatteur que lui ont fait ses anciens ouvriers, que c'est à peine s'il a pu les remercier. Dans cette fête de famille, tout a été prévu. Deux ouvriers malades, qui n'ont pu y assister, n'ont pas été oubliés pour cela : on a fait une collecte, dont le produit abondant est venu au secours de leurs familles.

« M. Claye, avec cette bonté qui lui est naturelle, a voulu que la journée fût complète. Après le repas, qui a duré près de quatre heures, on s'est réuni au théâtre de Montparnasse, dont la salle, nouvellement restaurée, a été inaugurée tout exprès pour cette solennité. Les six cents places qu'elle contient avaient été mises à la disposition des employés, des ouvriers et des amis de M. Claye, et de leurs nombreuses familles. »

Il va sans dire qu'à toutes nos expositions la maison Claye obtint les plus grandes récompenses.

Lorsqu'il eut enfin le désir de se reposer de temps en temps, de loin en loin, au bord de la mer, à son air fortifiant, nous eûmes la satisfaction de lui faire faciliter l'acquisition d'une modeste retraite à Saint-Léonard (Seine-Inférieure). Il nous a invité bien souvent à nous y rendre, et nous n'avons jamais pu profiter de cette offre tout amicale.

Les imprimeurs et les libraires ont mis à toutes sauces la légende LABOR [1]; M. Claye a simplifié cette devise : il a tout bonnement mis LABOR sur une banderolle qui part d'un écusson entre deux branches de chêne, dans le milieu le chiffre J traversé par un C. Dans le haut de cet écusson, on lit, en deux lignes cintrées : IMPRIMERIE J. CLAYE, RUE SAINT-BENOIT, 7 ; dans le bas, avant les deux branches, PARIS. — Une autre marque se compose de deux cartouches appendus à une branche d'arbre ; sur le cartouche de gauche, un I (pour Jules), traversant un C; sur celui de droite, les armes des Imprimeurs [2] dans le bas, en exergue,

1. Nous citerons, entre autres, une légende bien comprise et employée par la maison Paul Dupont : OMNIA LABORE ; — celle de Téchener : LABORE ET CONSTANTIA ; — de Brissart-Binet, de Reims : OMNIA IN LABORE ; — de Barbou frères, de Limoges, de cette ancienne famille d'imprimeurs : META LABORIS HONOR ; de l'imprimerie Plon : LABOR IMPROBUS OMNIA VINCIT, et enfin celle du célèbre imprimeur d'Anvers, Plantin : LABORE ET CONSTANTIA, prise par Téchener.

2. M. Louis Mohr, décédé à Schönbrunn (Suisse), le 6 juin 1886, après une courte maladie, prote-directeur de l'imprimerie Fischbach, successeur de Berger-Levrault, à Strasbourg, avait formé une bibliothèque typographique d'une certaine importance ; malheureusement elle fut réduite en cendres lors du bombardement de cette ville si éprouvée, en même temps que la belle bibliothèque publique. M. Mohr en avait un réel chagrin. Il était passionné pour l'imprimerie et, en diverses circonstances, il témoignait de son goût pour cet art. Il a beaucoup écrit, en français et en allemand, sur l'imprimerie

6

sur une double banderolle serpentant, en lettres gothiques : J. CLAYE, IMPRIMEUR, RUE SAINT-BENOIST, 7, A PARIS. C'est une réminiscence de la marque de Fust et Schœffer, qui a servi souvent d'exemple à quelques-uns de nos anciens imprimeurs. — M. Claye s'est servi

et la bibliographie. La mort de M. Louis Mohr, à part tout ce qu'elle a de regrettable pour ses nombreux amis, est une véritable perte pour la *Typologie-Tucker*. Pour son *ex libris*, il avait adopté comme devise ce distique :

> *Tel est le triste sort de tout livre prêté,*
> *Souvent il est perdu, toujours il est gâté.*

M. Mohr attribue ces vers à Charles Nodier, tandis qu'ils sont au mélodramaturge de Pixérécourt, à Strasbourg. Lui aussi croyait à l'innocence de Libri. Il a établi d'une manière victorieuse que les armes des imprimeurs devaient subir une modification. Vers la fin de son active et fiévreuse carrière, nous étions en correspondance assez suivie avec M. Mohr. Sa dernière lettre est datée de Schönbrunn, près Zoug (Suisse), où il est décédé. Elle porte la date du 23 mai 1886. La voici tout entière, après avoir corrigé quelques germanismes.

« CHER MONSIEUR,

« J'ai reçu votre aimable lettre du 12, et quelques jours avant mon départ de Strasbourg.

« Vous y dites que je me trouve mieux ; c'est tout le contraire. Je puis dire aujourd'hui, après un traitement d'eau froide, que je commence à reprendre un peu de forces, mais je suis encore loin de me bien porter. Il faut avoir de la patience et de l'espoir.

« Le traitement ici est assez fatigant. Je ne pensais jamais que la cure demandait tant d'abrogation, et surtout par le moment où les étrangers manquent. Je suis, cette année, le premier *Kurgart* (sic) : peu à peu il en arrive d'autres. La situation de Schönbrunn est charmante ; les environs sont très accidentés et les promenades sont fatigantes, mais l'air qu'on y respire est, par contre, fortifiant.

« J'ai l'espoir de rapporter à Strasbourg de nouvelles forces.

« Je pensais de trouver dans votre lettre une observation sur l'affaire Libri. Je connais bien opinion en consultant la note dans la brochure sur Laboulaye. La condamnation n'a encore pu me convaincre de la culpabilité. Du reste, faut des avis.

« La maison Berger-Levrault s'est imposé un sacrifice énorme, en transportant son établissement à Nancy (Meurthe-et-Moselle), afin de rester française, ne voulant pas oublier que c'est en France qu'elle a prospéré.

« Savez-vous, monsieur, que notre imprimeur Dumoulin a assumé sur sa tête une grande responsabilité en mettant sur votre brochure une imprimerie *imaginaire* *. Comme probablement la brochure a été imprimée à petit nombre, personne n'y penserait.

« J'ai lu dans la VIe série des *Lettres d'un Bibliographe*, la différence qui

* Particularités concernant un volume sorti des presses de Jules Didot et vers inédits de Pierre

de cette marque pour ses lettres, et MM. Lorilleux et Quantin ont eu recours au même procédé de gravure en relief sur cuivre.

M. Claye, de même que quelques imprimeurs anciens et modernes, était poète à ses heures [1]. Nous avons sous les yeux une pièce de vers qu'il nous a adressée le 5 février 1885. En voici le titre :

A MON VIEIL AMI ALFRED JACQUEMART
qui m'a offert un exemplaire de la statue équestre de Louis XII, érigée à Compiègne.

Pièce reproduite à la page 63 du recueil qui suit, dont nous parlons ci-dessous.

Le 9 juin 1885, à notre grande joie et surprise, la

---

existe entre M. Madden et nous ; je n'ai pas en ce moment l'affaire devant moi. M. Madden a traité la question bien cavalièrement. Du reste, il faut de temps en temps un peu de frottement qui entretient l'amitié. Mon griffonnage provient un peu de l'excitation de mes nerfs. Excusez, et recevez, cher monsieur, mes sincères salutations.

« Votre tout dévoué,
(Signé) « Louis MOHR. »

1. Plusieurs imprimeurs français ont consacré à la poésie leurs moments de loisir ; nous citerons entre autres : Pierre Didot, l'honneur de la typographie française ; Firmin Didot, aussi habile imprimeur que graveur distingué, ancien membre de la Chambre des Députés ; les deux Couret de Villeneuve, père et fils, qui ont marqué comme imprimeurs à Orléans (Loiret) ; Alexandre Jacob, imprimeur dans la même ville ; Aimé Vingtrinier, bibliographe aussi savant que distingué, aujourd'hui bibliothécaire de la ville de Lyon ; Léon Boitel, lequel, en venant s'établir à Lyon, promettait beaucoup : il y périt d'une manière fatale, dans toute la force de l'âge ; Isidore Lefèvre, frère de Théotiste, imprimeur à Rouen, né en 1797, décédé en 1848, à l'âge de cinquante et un ans ; feu Montalant-Bougleux, à Versailles (Seine-et-Oise), qui nous a laissé de charmantes poésies ; Alcan, ancien imprimeur-libraire, puis éditeur, à Metz (Moselle), enlevé à l'affection de sa famille et de ses amis, assez prématurément, charmant poète à ses heures (son fils, Félix Alcan, a été malheureusement associé à

Didot, Neuilly (Seine), 69, avenue du Roule (Paris, imprimerie Pillet et Dumoulin), 1886, in-8 de 10 pages, avec vignettes.

Extrait de la *Bibliographie de la France*, Journal général de l'Imprimerie et de la Librairie, numéro du 19 décembre 1885.

poste nous apporta un volume portant ce titre original : *Fautes d'un Imprimeur*[1]. — Mai 1806-Mai 1885. Sur un feuillet volant, M. Claye eut la bonté d'ajouter, de sa plume encore ferme et de son écriture si nette :

A M. ALKAN AINÉ,

ce bouquin tout intime et uniquement destiné A MES AMIS, en souvenir de nos bonnes et anciennes relations, juin 1885.

Puis :

Il a déjà donné lieu à cette vérité de se produire :

Un sage critique a pu justement dire :
« Je ne vois que deux fautes, et peut-on l'en blâmer ?
« La première ce fut d'écrire,
« Et la seconde d'imprimer. »

A la première page se trouve la Dédicace :

A MES AMIS.

Ai-je tort de penser, au moment de partir,
A vouloir vivre encor dans votre souvenir ?
Si ce que j'éprouvais je n'ai pas su le rendre,
C'est à vous plus qu'à moi qu'il faudra vous en prendre :
Je vous dois le bonheur d'avoir beaucoup aimé ;
Sans vous, mes bons amis, je n'aurais pas rimé.

Mai 1806. — Mai 1885.

Germer-Baillère : il est aujourd'hui seul propriétaire de cette librairie spéciale, à Paris) ; enfin les chansonniers Guillois et Voitelin, etc. Parmi les femmes, nous voyons Madame Didot le jeune (1825), in-18 ; recueil de diverses pièces foliotées à part.

1. *Fautes d'un imprimeur*. Châteaudun, imprimerie Henri Lecesne, 1886, in-18 carré de 180 pages, faux-titre et titre compris, couverture et titres rouge et noir.

Tiré à petit nombre et distribué à quelques amis, distribution interrompue par la mort de l'auteur.

A la fin des poésies, M. Claye a placé des *Pensées, Réflexions et Souvenirs*, pages 99-175. Ces pensées sont très justes et philosophiques, et émanent d'un homme qui a le sens droit ; elles dénotent un homme d'esprit.

La première pièce de vers est adressée à Mme Henri Fournier, et porte la date de mai 1863.

La seconde renferme une pièce de reconnaissance : A MON MAITRE, M. AMBROISE FIRMIN DIDOT. Vers lus au banquet qui lui a été offert à l'occasion de sa réception à l'Institut, le 20 mars 1873... Nous y trouvons ce vers :

> Suis-je pas votre élève, ô maître vénérable !

Et les quatre derniers :

> Plus tôt vous deviez voir cette tardive aurore,
> Vous dont l'art dit si haut le savoir et les soins :
> L'Institut, par son choix, sans doute vous honore,
> Mais le nom des Didot ne l'honore pas moins.

Plus loin le poète envoie à M. Didot la pièce qui précède, en impression polychrôme.

A la page 8, M. Claye témoigne toute sa reconnaissance de cette manière :

A HENRI FOURNIER,

mon Maître et Ami, en lui envoyant mon buste en plâtre.

Ce buste, M. Claye nous l'a également offert; il forme maintenant le pendant avec celui de Théotiste Lefèvre, exécuté avec beaucoup de talent par le sculpteur Rubin, son ami. — Celui de M. Claye est dû aussi à un ami, M. Alfred Jacquemart. Pendant qu'il y mettait la main, le modèle improvisait les vers suivants :

> Ami, je crois rêver quand, sous ta main habile,
> Je vois subitement se transformer l'argile
> Qui d'inerte limon devient être vivant
> Et me fait sortir du néant !

De cet humble portrait créateur trop modeste,
Grâce a ton beau talent mon image vivra.
Artiste, sois-donc fier : homme, ton œuvre reste,
Quand celle de Dieu périra !

Page 22 :

A MON AMI H. FOURNIER,

qui s'étonnait que mon portrait fut fait par un animalier.

Vous vous trompez, mon cher ami,
Jacquemart fait toujours la bête,
Il la fait tout entière, il la fait à demi,
Mais il s'est arrêté cette fois à la tête.

3 juin 1872.

Terminons ces citations versifiées, car il faudrait reproduire ici tout le volume, qui renferme encore des vers adressés à l'ami Martinet, qui sert de jeu de mots ; au fils Rebouleau ; à Mme Hetzel, en lui offrant un calendrier ; à M. Alfred Mame, en lui offrant la tête du Christ peinte par le Guide ; à M. Mame, pour le remercier de sa magnifique édition de *La Bruyère* ; à M. Alfred Mame, qui m'offrait ses splendides éditions de *Racine* et de *Charlemagne*, etc., etc.

Mais nous ne pouvons nous empêcher, pour terminer, de faire la citation suivante :

A M. J. AUTRAN, DE L'ACADÉMIE FRANÇAISE,

en lui envoyant mon modeste « Manuel ».

Sur ton noble talent chacun est unanime,
Et, poète inspiré, toi qui chantas les mers,
Si je t'apprends ici comment on les imprime,
Apprends-moi donc comment on écrit les beaux vers.

Réponse de M. J. Autran :

Pour écrire des vers qui vaillent tous les nôtres,
S'il existe un secret, confrère, tu le tiens,

Et je te trouve bon d'imprimer ceux des autres
Alors que tu pourrais n'imprimer que les tiens.

21 janvier 1873.

Le 12 février 1886, nous offrîmes à M. Claye *Une page inédite de la vie de Jules Janin*. M. Claye nous en accusa réception par l'envoi d'une carte, sur laquelle il a écrit :

« A mon âge, on ne vit plus que de souvenirs, c'est du pain que vous m'adressez ; *que dis-je, c'est du gâteau !* — Merci !

« J. CLAYE. »

« Souvenir pour souvenir. »

En même temps, envoi de la brochure de M. Charles Rozair, avec l'*ex dono* : « Souvenir offert à M. Alkan. »

Le 13 mai, réponse à un renseignement demandé sur une de ses pièces de vers.

Sur sa carte :

« Je répondrai de mon mieux à votre demande en vous donnant ma correspondance tout entière. »

En effet, lors de notre dernière visite, il nous montra un cartonnier pour écrire debout, renfermant huit à dix cartons, et nous dit : « Je vous lègue toute ma correspondance. »

C'est maintenant, c'est ici que commence la tâche la plus triste du biographe. Dans le cours de cette année, nous rendîmes plusieurs visites à M. Claye, mais sans pouvoir le voir; on me disait invariablement: M. Claye est très fatigué ; il se repose maintenant, car il a passé une très-mauvaise nuit.

Le 18 mars dernier, il nous écrivit :

« J'ai reçu votre double envoi, mon cher confrère, et je demeure très sensible à l'hommage et au souvenir, qui a le mérite de ne pas dater d'hier.

« Serrons nos rangs, qui s'éclaircissent ! notre pauvre Hetzel vient de nous quitter.

« Bien à vous. »

Le 18 mai (reçue le 19) :

« Cher confrère,

« Vous me ferez un grand plaisir en renouvelant votre visite amicale.

(Signé) « J. CLAYE. »

Le 20 mai, nous nous empressâmes de nous rendre chez lui. Nous restâmes une heure avec lui, et sa parente nous apprit qu'il n'avait pas tant ri depuis longtemps [1].

---

1. M. Claye aimait à rire à l'occasion.

Un jour que nous lui rendîmes visite, M. Jules Delalain sortait de son cabinet. En le reconduisant, il s'aperçut que sa croix s'était détachée de sa boutonnière. Il la ramassa, et l'accrochant à la mienne, il se mit à dire : « Que je sois le premier à vous l'attacher à la boutonnière. » Nous étions en hiver, nous prîmes congé de M. Claye, et nous nous enveloppâmes dans notre manteau, sans songer le moins du monde à notre ruban. C'était à la brune. Nous eûmes la fantaisie d'aller rendre visite à notre belle-sœur, Madame Olmer, la femme du prote de M. Claye, et la sœur de Mme Alkan, d'autant que notre chemin pour rentrer à la maison était de passer devant sa porte. Nous ôtâmes notre manteau et oubliâmes de retirer le fameux ruban. Mme Olmer vit de suite cette décoration. — Vrai ! tu es décoré ? — C'est M. Claye qui m'a attaché ce ruban, et en disant : « Que je sois le premier à vous décorer. » Je donne ma parole que c'est la vérité. — Je savais bien, ajouta-t-elle, que tu finirais par-là. Olmer n'aura pas cette chance. Et elle m'offrit, en signe de satisfaction, toutes sortes de friandises. Le lendemain, Olmer acheta tous les journaux, afin de trouver ma pseudo-nomination, et, comme de raison, il ne découvrit rien. Il fut assez froissé de cette innocente supercherie, et M. Claye, lui, s'en amusa beaucoup pendant longtemps.

Nous trouvâmes, hélas ! un homme dont les traits amaigris et déformés nous frappèrent péniblement. Est-il possible de changer ainsi de physionomie! Sa voix était faible ; il souffrait dès qu'il voulait parler, dès qu'il voulait encore s'animer, comme par le passé.

Il nous reconduisit cependant jusqu'à la porte, et nous nous serrâmes la main pour la dernière fois !...

Il nous remit sa photographie pour la reproduire ici.

Et le 8 juillet 1886, au bout de cinq semaines, les souffrances de ce pauvre M. Claye cessèrent pour toujours. Il était âgé de quatre-vingts ans. Le service se fit à Saint-Sulpice, au milieu d'une foule considérable. L'inhumation eut lieu au cimetière Montparnasse, dans un tombeau de famille. Deux discours furent prononcés : l'un par M. Jousset, président de la Chambre des Imprimeurs, et l'autre par M.-J.-B. Boudet, président de la Société fraternelle des Protes des Imprimeries typographiques de Paris, dont M. Claye était membre honoraire.

M. Claye a été vice-président et secrétaire de la Chambre des Imprimeurs. M. Charles Noblet, avec le talent qui le distingue, a consacré à M. Claye une notice nécrologique dans la *Chronique du Journal de la Librairie* du 31 juillet dernier. M. Dumoulin, cet habile typographe, l'a reproduite en une élégante brochure in-8 de forme carrée, ornée d'un portrait d'une ressemblance frappante. C'est bien là la physionomie d'un homme au déclin de la vie. Ce portrait avait déjà paru dans *l'Univers illustré.*

Le *Livre,* dans son numéro de septembre dernier, a donné un portrait de M. Claye d'après le buste grandeur nature ; c'est une belle eau-forte de Léon Flameng.

On a notamment de M. Claye :

I. *De la Question d'augmentation du salaire des compositeurs typographes.* Lettre à M. le rédacteur en chef du
journal *le Courrier du Dimanche.* Paris, imprimerie de
Claye, septembre 1861, grand in-8 de 40 pages, faux-
titre et titre compris.

II. *De la Situation faite aux Imprimeurs de Paris par
la Société Typographique.* Lettres à ses confrères, par
J. Claye, imprimeur. Paris, imprimerie de J. Claye,
12 mars 1870, grand in-8 de 25 pages, faux-titre et
titre compris.

III. *Manuel de l'Apprenti Compositeur,* par Jules Claye,
imprimeur. Paris, imp. de l'auteur, 1871, in-18 de 181
pages, compris le faux-titre, le titre, la Dédicace et un
feuillet servant d'Avertissement. — 2 francs.

Avec cette épigraphe de Henri Fournier : « L'apprentissage est une œuvre capitale, irrémédiable si elle n'a
pas été bien accomplie. »

Dédicace :

A MES APPRENTIS.

CHERS ENFANTS,

*C'est pour vous que j'ai écrit cet abrégé. Puisse-t-il vous aider à
devenir un jour de bons ouvriers ! Peut-être alors penserez-vous à celui
qui pense à vous aujourd'hui.*

J. CLAYE.

Décembre 1870.

Il y a des exemplaires sur papier teinté.

Premier alinéa du Prospectus :

« Consacré, comme le dit son titre, aux jeunes gens
qui embrassent la carrière typographique, ce petit

livre résume avec méthode toutes les connaissances relatives à la première branche des opérations de l'art inventé par Gutenberg, à savoir *la composition*... »

Et le dernier alinéa :

« N'oublions pas de dire que ce *Manuel* renferme une multitude de détails utiles à quiconque s'occupe d'imprimerie, et que, sous ce rapport, il se recommande aux gens de lettres, aux écrivains et aux libraires. »

IV. Vers la fin de la première édition, M. Claye en prépara une autre, mais, en réalité, celle portant TROISIÈME n'est que la seconde, véritablement revue, corrigée et augmentée, parue en 1883, chez Quantin ; elle renferme 192 pages. — 3 francs.

Quelques exemplaires sont ornés d'un joli portrait de l'auteur.

Sur l'exemplaire que M. Claye nous a offert, il a consigné ces mots flatteurs : « A M. Alkan Aîné, à titre de bon souvenir. »

M. Quantin a fait précéder cette édition d'un AVIS AU LECTEUR daté de juillet 1883.

Celle-ci répète ce qui sert d'une sorte d'Introduction :

« Il ne pouvait nous venir à la pensée d'écrire un traité *in extenso* sur la matière, notre titre l'indique assez : pareille œuvre n'est plus à faire, après les remarquables travaux de maîtres tels que les Brun, les Henri Fournier, les Théotiste Lefèvre. Notre tâche est beaucoup plus modeste.

« Mais, en ouvrant notre atelier d'apprentissage, exclusivement consacré à la composition typographique, nous avons éprouvé le regret de ne pas rencontrer un livre tout à fait élémentaire, du premier degré, une sorte de grammaire concise à mettre aux mains de nos enfants. Nous avons essayé de combler cette lacune.

« Guider les premiers pas de nos élèves dans la carrière qu'il se proposent de suivre; leur faire contracter de bonne heure les meilleures habitudes; leur inculquer, en les résumant, les principes qui régissent la composition typographique, telle a été notre intention, tout en cherchant à développer en eux le goût et le désir de s'instruire, afin que plus tard ils aillent puiser aux grandes sources, après s'être désaltérés au modeste ruisseau. »

L'ouvrage, enfin, se termine par UN MOT SUR JULES CLAYE, signé CHARLES ROZAN [1], janvier 1879. (Extrait du tome III du *Panthéon de la Légion d'honneur.*)

A la suite, sur un feuillet volant, se trouve une petite liste de LIVRES UTILES A CONNAITRE, divisée en deux paragraphes: 1° *Ouvrages didactiques;* 2° *Ouvrages historiques,* au nombre très restreint, pour le premier à cinq ouvrages et pour le second à quatre.

Le *Manuel de l'Apprenti Compositeur* a été rédigé à Saint-Léonard, en guise de repos.

M. Jules Delalain a rendu compte du *Manuel de l'Apprenti Compositeur* dans la Chronique du *Journal de la Librairie,* du 16 mars 1872. — Le *Petit Journal,* du 23 février de la même année, lui a consacré quelques lignes. — Le *Journal de Roubaix* (Nord), du 21 du même mois, en a parlé avec les plus grands éloges, de même que celui de l'Ain, du 19 février.

---

1. Dans le volume de poésies de M. Claye, on trouve plusieurs pièces de vers dédiées à son ami Rozan.

Mais ce qui a dû être extrêmement flatteur pour Claye, c'est la lettre du Président de la Société des Correcteurs.

SOCIÉTÉ
DE
SECOURS MUTUELS
DES
Correcteurs d'Imprimeries
DE PARIS
Approuvée par arrêté de
M. le Ministre de l'Intérieur du 26 juillet 1866.

Paris, le 5 janvier 1872.

MONSIEUR,

Je vous remercie, en mon nom et au nom de mes confrères de la Société des Correcteurs, de l'envoi d'un exemplaire de votre *Manuel de l'Apprenti Compositeur.*

Je viens de le parcourir rapidement, et, s'il est permis de porter un jugement après un premier examen, je n'hésite pas à déclarer que vous avez fait un excellent petit livre. Le mérite d'un semblable travail est d'autant plus grand, que rien n'est plus difficile que d'écrire pour les enfants.

Grâce à votre expérience, vous avez su donner à votre œuvre un double caractère de clarté et de simplicité qui la rendra abordable aux plus jeunes intelligences. C'est le complément indispensable de l'enseignement professionnel que vous avez fondé dans votre maison, et qui ne peut manquer de produire les plus heureux résultats.

J'aime à espérer que MM. les Maîtres Imprimeurs ne se contenteront pas de vous donner une approbation : pour peu qu'ils aient souci de leurs propres intérêts et de l'honneur de la typographie parisienne, ils s'empresseront de mettre entre les mains de leurs apprentis un *vade mecum* rempli d'indications et de conseils indispensables à l'exercice de leur profession. Les compositeurs mêmes trouveraient, dans les chapitres VI, VII, VIII et IX, des préceptes dont ils pourraient faire leur profit.

A la prochaine réunion de la Société, je me ferai un devoir de présenter votre ouvrage à mes confrères et d'en faire une courte analyse.

Veuillez agréer, Monsieur, l'assurance de ma considération très distinguée.

Le Président,

POLGUÈRE.

**La Mort
et le Compositeur.**

**La Mort
et l'Imprimeur.**

ALKAN AINÉ.
12 Février 1809.

Nous avons prié un de ces amis intimes si rares de nos jours, M. Leprince, de se charger de la rédaction de notre propre notice, d'autant plus qu'il ne nous a point quitté dès notre plus tendre enfance. Personne ne nous connaît mieux que lui, il nous a suivi pas à pas, il ne nous a pas abandonné un seul instant, témoin de nos revers comme de quelques-uns de nos succès. Il ne nous a pas jalousé, lui, lorsque quelque peu de bien-être est venu nous récompenser de plus d'un demi-siècle de labeur. Nous remercions donc cet ami du plus profond de notre cœur. Nous n'avons qu'un reproche à lui faire, c'est d'avoir exagéré ses éloges, et il a poussé la délicatesse jusqu'à nous dire : « Nous te remettons la copie de ta notice, à la condition expresse de n'en rien retrancher. » Merci ! mille fois merci !

Ton ami tout affectionné, tout reconnaissant et tout dévoué,

ALKAN AINÉ.

IV.

ALPHONSE ALKAN AINÉ.

Nourri dans le sérail j'en connais les détours.

(RACINE, *Bajazet*.)

Né à Paris, le 12 février 1809. Ses études furent interrompues de bonne heure, et il entra dans l'imprimerie pour les compléter, pour apprendre encore. Il se livra surtout avec ardeur à la lecture des manuscrits difficiles, et il eut la chance d'y réussir, car tout compositeur qui n'y excelle pas a sa journée compromise; il ne fait que végéter. Il ne faut pas s'aplatir sur une mauvaise copie, sur des mots illisibles : il faut savoir reconstruire la phrase, et, par-là, deviner ces mots hiéroglyphiques. Le mécanisme de l'imprimerie ne fut pour lui qu'un jeu, ayant embrassé avec passion cette profession. C'est à l'imprimerie Smith[1], rue Montmorency, à Paris, qu'il fit son apprentissage. Lebeuf, le prote, menait durement les apprentis; ils étaient constamment en route pour porter les épreuves à tous les auteurs protestants de la maison. John, le sous-prote, le prit en affection. C'était un homme droit et loyal, bon typographe.

Moronval eut le bon esprit d'accueillir le jeune typographe. Desnoyers, le prote, un homme excellent, acheva son éducation typographique, et Moronval lui

---

1. Les premières presses mécaniques fonctionnèrent dans cette imprimerie, à force de bras, bien entendu.

confia toute la direction de ses nombreuses presses à bras. Dans cette imprimerie des Frères des Écoles chrétiennes, se trouvait Bertrand ; nous l'avons déjà nommé; il était en conscience ; c'était un homme très intelligent, quoique n'étant pas typographe.

Sorti faute de besogne, il fut obligé de parcourir diverses imprimeries de la capitale : Marchand-Dubreuil, rue de la Harpe; Tilliard, rue Saint-Hyacinthe-Saint-Michel ; Eberhart, rue du Foin-Saint-Jacques, à côté de la caserne. Tilliard était capitaine de la garde nationale à cheval; il venait à l'imprimerie avec des gants jaunes. Il *sombra* bien vite. Il en sortit au bout de trois semaines, parce que ce pauvre imprimeur et cet imprimeur pauvre ne put lui payer sa banque. Il tirait toujours le diable par la queue (ce n'est rien, à la condition qu'elle ne vous reste pas dans les mains). Un jour, il eut un mot grec à composer, et c'est un jeune homme qui était chargé, dans cette maison, de cette *besogne ;* il nous semble encore le voir, avec ses couleurs vives et ses favoris, aujourd'hui le doyen de la typographie française, Théotiste Lefèvre. Il entra à l'imprimerie de Courcier, rue du Jardinet, où M. Scott, prote, le prit en affection et lui donna bientôt la mise en pages de la *Physique mécanique* de Biot, après avoir travaillé sur le *Dictionnaire des Alimens*, sur cet ouvrage où l'auteur ne gagnait qu'à peine de quoi vivre et où il omit l'article POMMES DE TERRE, sa nourriture habituelle[1]. C'est dans cette imprimerie *mathématique* qu'il apprit à composer de l'algèbre... à ses dépens, car à la moindre négligence, à la plus légère faute d'attention

1. Paris, imp. de Huzard-Courcier, 1826, un volume in-8. L'auteur mit en supplément la POMME DE TERRE, qui ne forme modestement que sept lignes.

et de justification, une heure de besogne *saute* en l'air.

M. Scott, le père de celui qui était bibliothécaire de feu M. Ambroise Didot, quoique bon, était cependant très lunatique, et M. Alkan dut le remercier.

C'est alors qu'il entra chez M. Vinchon, qui ne tarda pas à le distinguer de la masse de ses ouvriers, au point de lui confier quelques affaires délicates de sa maison. Cette préférence, cette marque d'estime fit ombrage au prote de cette imprimerie de la Préfecture de la Seine, des Musées royaux et de l'École de Droit. Pour le faire partir, il lui donna la mise en pages d'un ouvrage. Le manuscrit, qu'il a conservé, est une véritable carte géographique, et ce manuscrit décida de son sort, et contribua puissamment au bien-être de sa vie tout entière ; tous les renvois y sont multipliés sous les formes les plus variées. Il est lardé de grec ancien ponctué, d'étrusque, et d'après les inscriptions, pour réprésenter les noms des artistes de l'antiquité qui ont gravé sur les pierres fines. Comme il fallait un caractère de plus, il eut l'idée d'espacer le romain. L'auteur fut très satisfait de cette innovation.

Personne ne voulait composer sur ce manuscrit : il eut le courage de le copier entièrement le soir, afin de composer seul dessus pendant le jour, tout en le mettant en pages. L'auteur, feu le comte de Clarac, conservateur du Musée des Antiques du Louvre, fut tellement satisfait du travail exceptionnel, qu'il se l'attacha alors, pendant quatorze années, en qualité de secrétaire-correcteur, pour l'ouvrage en question, qui forme trois volumes in-12, dont voici le titre : I. *Manuel de l'Histoire de l'Art chez les Anciens.* — Avant-Propos. — Descriptions des Musées de Sculpture antique et moderne du Louvre. — II. *Catalogue chronologique des artistes, écrivains et personnages célèbres, généalogies des Ptolémée, les familles romaines.* — III. *Catalogue des artistes de l'Antiquité jusqu'à la fin du* VIe *siècle de notre ère, avec les statues, pierres gravées, vases peints, etc.,* portant les noms des artistes, et les musées et collections particulières qui les possèdent. Paris, Jules Renouard et Cie, 1847-1849. C'est dans ce troisième volume que le comte de Clarac a eu la bonté de remercier M. Alkan en ces termes : « Tout mon ouvrage a été composé avec beaucoup d'intelligence par M. Alkan aîné, auquel on devra bientôt un *Dictionnaire complet de Typographie.* Cet ouvrage, qui convient aux bibliographes et aux personnes qui ont des rapports avec l'imprimerie, manquait, en France, à cet art, sous la forme de dictionnaire. On ne connaît en ce genre que le Lexicon de Taübel (en allem.). *Voy.* ce nom dans BRUNET, *Manuel du Libraire,* etc., INTRODUCTION, p. X. »

Ce dictionnaire n'a pas encore vu le jour, attendu qu'il a été constamment augmenté, et que c'est aujourd'hui une véritable encyclopédie.

C'est vers cette époque, de 1838 à 1840, qu'il créa ses *Annales de la Typographie,* 18 numéros in-4 avec planches et suppléments, et 12 numéros in-8, avec la première gravure en pied de Gutenberg. Ce journal rendit de grands services à l'art qu'il avait embrassé avec tant de passion. Ses articles sur l'Exposition de 1839 furent copiés par plusieurs journaux, même par le *Moniteur universel,* sous la signature de M. Boquillon, et traduits en allemand, de même que d'autres articles des *Annales.* Faute d'encouragement, il fut forcé de cesser cette utile publication, le premier des journaux typographiques. Il a rendu d'incontestables services à la typographie et aux arts et métiers qui en dépendent, notamment à la fonderie en caractères, à la gravure sur bois et à la stéréotypie. Du reste, un fait digne de remarque, c'est que ses relations existent toujours depuis plus d'un demi-siècle.

Feu M. Ambroise-Firmin Didot a vivement regretté la suspension de cette feuille technique, en ces termes:

« 1838. M. Alkan, zélé typographe, et prote (erreur) chez M. Vinchon, commence la publication de ses *Annales de la Typographie*, recueil contenant des renseignements utiles. Cette publication fut interrompue en 1840, malgré le courage de l'auteur. « Pour l'em- « pêcher de tomber, dit-il, je m'étais proposé de me « mettre à une casse et de le composer moi-même. » Il est regrettable que M. Alkan n'ait pu trouver les encouragements que méritait cette entreprise. »

(*Essai sur la Typographie*. Paris, 1855, in-8, col. 878. — Extrait du tome XXVI de l'*Encyclopédie moderne*, art. TYPOGRAPHIE, à folios continus.)

Tandis que M. Charles Laboulaye était encore fondeur en caractères, il publia, pendant quelque temps, un petit journal spécial, dans le format in-8, un *Bulletin Typographique*; dans un de ses numéros, il cite M. Alkan aîné comme un bon juge dans les questions typographiques.

En 1840, lors de l'inauguration de la statue de Gutenberg, à Strasbourg, il y eut, dans les bureaux des *Annales de la Typographie*, une réunion à l'effet de faire représenter la France à cette brillante solennité alsacienne. D'accord avec M. Charles Laboulaye, on nomma M. Edouard Laboulaye, qui parcourait alors l'Allemagne, pour représenter la fonderie en caractères, et M. Alkan pour l'imprimerie en général.

Il fut invité à aller voir, dans les ateliers de Soyer, le fondeur de la colonne de juillet, la maquette avant de jeter en moule. Quelle ne fut sa surprise en regardant la forme placée près de Gutenberg, avec des garnitures en plomb inventées par Molé, le fondeur de la rue Madame, qui, retiré des affaires, ne passait jamais devant son ancienne fonderie, en se rendant au théâtre *Bobino*, sa propriété, sans ôter son chapeau. Cette garniture en plomb était un véritable anachronisme de l'art, car Gutenberg n'avait pu se servir d'une invention toute moderne. Un rendez-vous fut pris avec David, qui expliqua qu'il avait copié cette forme à l'imprimerie de Jules Didot, boulevard d'Enfer. M. Alkan conseilla au statuaire de serrer sa forme avec des vis, ce qui fut fait tout aussitôt.

Il s'occupa de rassembler les éléments d'un album à l'occasion de cette fête, vraiment séculaire; il présente les arts graphiques à cette époque. Il y fait figurer l'Imprimerie Royale, alors sous la direction de l'académicien Lebrun, en payant d'avance tous les frais, car cet établissement montra, en cette circonstance, qu'il était loin d'être désintéressé.

A son retour de Strasbourg, il fit donner par David le modèle qui avait servi à la fonte. Le plâtre fut recouvert par la galvanoplastie, et figure dans la cour d'honneur de l'Imprimerie Nationale.

Il conseilla aussi à M. Giroudot, habile ingénieur-mécanicien, de placer sur ses presses dites *Stanhope* une réduction de la statue de Gutenberg, afin de cacher le pas de la vis, et d'appeler sa presse *Gutenbergeoise*. Le mécanicien exécuta *à la lettre* ce projet et vendit beaucoup de ces presses. Par reconnaissance, il lui offrit un exemplaire en bronze de cette statue.

Il était dans toute la force de l'âge, lorsqu'il eut la pensée de se faire nommer arbitre au Tribunal de commerce pour les affaires d'imprimerie et de librairie ; sa demande était appuyée par les sommités de la typographie et de la librairie parisienne, mais il se vit toujours ajourné, malgré les apostilles les plus chaudes, car il n'appartenait à aucune coterie.

C'est pour ainsi dire sans fortune qu'il est parvenu à former une collection unique composée d'ouvrages, de brochures et documents manuscrits, de lettres autographes, pièces, portraits, estampes, médailles, médaillons et jetons, tous relatifs à l'imprimerie, la librairie, et aux arts et métiers qui en font partie, et ce dans le but de fonder un musée typographique dont il se propose de développer le plan. Il va sans dire que les ustensiles, comme modèles, font partie de sa collection.

M. Alkan a été nommé correspondant de la Chambre syndicale des Imprimeurs, pour avoir fait rendre un grand service, d'une manière tout à fait désintéressée, à M. Guiraudet, son ancien président. Il l'avait fait tirer d'un position fort critique.

Membre fondateur de la Société de l'Histoire de l'Art français, associé étranger de la Société Royale de Numismatique belge, de la Société Académique des Hautes-Pyrénées, Membre honoraire de la Société Fraternelle des Protes des imprimeries typographiques de Paris.

On a de M. Alkan aîné un assez grand nombre de publications, dont voici les principales :

I. *Annales de la Typographie française et étrangère,* Journal spécial de l'Imprimerie, de la Fonderie, de la Gravure, de la Librairie et de la Papeterie. Paris, imp. et fonderie de Locquin, de Lacrampe et Cie et de Duverger, 1838-1840, 13 numéros in-4 avec planches, et 12 numéros in-8, avec une planche.

Devise de l'in-4, autour d'une vignette représentant l'imprimerie : c'est notre plaisir. aidez-nous; de même que pour l'in-8.

Epigraphes des deux formats :

Qui pourrait assigner un terme à la perfectibilité humaine ? *Dictionnaire technologique.*

Nourri dans le sérail j'en connais les détours.

Dédié à M. Léon de Laborde, qui aimait tant l'imprimerie et qui a tant écrit sur cet art. Il gravait même sur bois, d'après ses propres dessins.

Le 6 octobre 1850, M. Roullin, alors prote de l'imprimerie Boulé, a fait un rapport à la Société des Protes, sur les *Annales de la Typographie.* Paris, imp. de Bachelier, grand in-8 de 19 pages.

II. *Notice bibliographique sur la bibliothèque de M. Vivenel, entrepreneur général de l'Hôtel-de-Ville de Paris.* Paris, imp. de H. Fournier et Cie, 1845, grand in-8 de 16 pages.

Extrait du *Journal des Artistes,* 15e et 20e livraisons, 6 avril et 11 mai 1845.

III. *Notice sur P.-J. Fessin, fondeur en caractères, poète et homme de lettres,* accompagnée d'un fac-simile d'une lettre autographe inédite de Béranger. Paris, imp. et lithogr. de Maulde et Renou ; Téchener, libraire, 1853, in-8 de 16 pages.

Extrait du *Bulletin du Bibliophile,* numéros de juillet et août 1853.

IV. *Discours prononcé le 6 avril 1856, lors de sa récep-tion comme membre honoraire de la Société Fraternelle des Protes des imprimeries typographiques de Paris,* accompagné de notes typographiques et bibliographiques. Paris, Mallet-Bachelier, imprimeur, 1856, in-8 de 16 pages.

Extrait.

Une seconde édition, in-8 raisin, parut la même année.

V. *Les Femmes compositrices d'imprimerie sous la Révolution Française, en 1794.* Clichy (Seine), imp. Maurice Loignon et Cie ; Dentu libraire, 1862, in-8 de 11 pages.

Réimpression d'une pièce curieuse sortie de l'École typographique des Femmes, créée en 1794.

VI. *Notice sur L.-C. Silvestre, ancien libraire-éditeur, et ancien propriétaire des Salles de vente connues sous son nom.* Paris, imp. Pillet fils aîné ; chez Auguste Aubry, 1868, in-8 raisin de 8 pages.

Avec cette épigraphe d'Étienne Dolet, adoptée par Silvestre : « Liures nouueaulx, liures vielz et anticques.»

Extrait du *Bulletin du Bouquiniste,* numéro du 1er octobre 1867.

On trouve à la fin deux curieuses vignettes : *la Mort et le Compositeur* et *la Mort et l'Imprimeur.*

Tiré sur papier de Hollande.

VII. *Notice nécrologique sur Jules-Alphonse Duleau, numismate.* Paris, imp. de Pillet fils aîné, au siège de la Société de Numismatique ; Auguste Aubry, libraire, 1868, in-8 jésus de 7 pages, avec 2 vignettes.

Extrait de l'*Annuaire de la Société française de Numismatique,* année 1867.

VIII. *Notice nécrologique sur Just-Jean-Roy, homme de lettres, l'un des collaborateurs des librairies Mame, à Tours, Lefort, à Lille, et Martial Ardant frères, à Limoges.* Paris, imp. de Pillet fils aîné, 1871, in-8 raisin à 2 colonnes, de 11 pages.

Extrait de la Chronique de la *Bibliographie de la France,* Journal général de l'Imprimerie et de la Librairie, numéros des 16, 23 et 30 septembre 1871.

IX. *Mémoire adressé à M. Krantz, sénateur, commissaire général de l'Exposition universelle de 1878, sur le projet de joindre une exposition typographique à la 5ᵉ section* (Exposition historique de l'art ancien). Paris, imp. Martinet, 1877, in-8 raisin de 13 pages.

Extrait du *Bulletin de l'Imprimerie,* n° 13, septembre 1877, et tiré à 200 exemplaires.

X. *Mémoire à son Excellence le Ministre de l'Instruction Publique, des Cultes et des Beaux-Arts, sur le projet d'élever une statue, sur la place de la Sorbonne, à Ulrich Gering, l'introducteur de l'imprimerie à Paris.* Paris, imp. Martinet, 1879, in-8 raisin de 45 pages, avec le buste de Gering, de la Bibliothèque Sainte-Geneviève.

Extrait du *Bulletin de l'Imprimerie,* des 25 septembre et 27 novembre 1878, et tiré à 300 exemplaires.

XI. *Les Graveurs de portraits en France.* — Catalogue raisonné de la collection de portraits de l'École française, appartenant à Ambroise-Firmin Didot[1], ouvrage posthume. — Essai de classifications spéciales avec des notes bibliographiques et historiques. Paris, imp. Martinet, 1879, in-8 raisin de VII et 39 pages, avec un portrait le plus ressemblant qui existe de M. Ambroise Didot, obtenu par la photoglyptie de Lemercier.

XII. *Documents pour servir à l'Histoire de la Librairie parisienne.* — Spécialités de livres dépareillés (Le P. Lecureux). Paris, imp. T. Symonds ; libr. de Rouveyre, 1879, in-8 raisin de 8 pages.

Extrait de la *Typologie-Tucker,* numéro du 31 août 1879.

Papier de Hollande.

XIII. *Les livres et leurs ennemis.* Chartres, imp. Durand frères ; Paris, librairie de Téchener, 1883, in-8 de 16 pages.

Extrait du *Bulletin du Bibliophile,* numéro de mai 1883, et tiré à 100 exemplaires.

Avec cette épigraphe de De Pixérécourt :

> *Tel est le triste sort de tout livre prêté,*
> *Souvent il est perdu, toujours il est gâté.*

XIV. *Les Étiquettes et les Inscriptions des Boîtes-Volumes de Pierre Jannet, fondateur de la Bibliothèque elzévirienne.* Chartres, imp. de Durand frères ; Paris, librairie de Téchener, 1883, in-8 de 8 pages.

---

1. M. Ambroise-Firmin Didot a été élu fort tard membre de l'Institut ; comme M. Alkan en faisait la remarque à l'un de ses collègues, celui-ci lui fit naïvement remarquer que c'était précisément *à cause de son grand âge.* (Historique.)

XV. *Une page inédite de la vie de Jules Janin, avec une lettre de M. Arsène Houssaye.* Paris, imp. T. Symonds; au bureau de la *Typologie-Tucker,* 1884, in-8 raisin de 14 pages.

Extrait de la *Typologie-Tucker,* numéro de novembre 1884.

XVI. *Un Fondeur en caractères Membre de l'Institut.* Paris, typogr. Quantin ; au bureau de la *Typologie-Tucker,* 1886, in-8 raisin de 32 pages, avec deux portraits, dont l'un en taille-douce, et vignettes.

Extrait, pour la biographie seulement, de la *Typologie-Tucker,* numéros des 15 avril et 15 mai 1885.

XVII. *Particularités concernant un volume sorti des presses de Jules Didot, et vers inédits de Pierre Didot.* Imp. de Dumoulin (Seine), 79, avenue du Roule, in-8 raisin de 10 pages, avec vignettes.

Extrait de la *Bibliographie de la France,* Journal général de l'Imprimerie et de la Librairie, numéro du 19 décembre 1885.

M. Dumoulin ne voulant pas assumer, bien à tort, la responsabilité d'une justification trop étroite pour le format, a prié M. Alkan aîné de mettre son nom à une brochure *sortie* d'une presse qu'il ne possède pas[1].

Lors du décès de M. de Clarac en 1847, M. Alkan aîné a donné un long article nécrologique dans le

---

1. Il s'agissait, avec la composition ayant servi dans la chronique qui fait partie de la *Bibliographie de la France,* de faire une brochure dans le format in-octavo raisin, sans remanier la composition, afin d'éviter les frais. Or, cette justification étroite et ces pages longues déplurent à M. Dumoulin, dans son ardeur d'artiste typographe. Il pria M. Alkan de laisser mettre notre nom comme imprimeur à Neuilly. Voici le fait narré dans toute sa simplicité.

Journal des Artistes, que Delaunay a lancé lorsque la direction de l'*Artiste* lui fut retirée pour cause majeure. Au dire de M. Frœhner, antiquaire rempli de savoir, c'est la meilleure notice qui existe sur M. de Clarac.

N'oublions pas de mentionner une jolie brochure dans le format in-8 raisin, dont trente pages, sur trente-six, ont été extraites par M. Silberm ann des *Annales de la Typographie*, sur les impressions en or, argent et bronze (métalliques), et de diverses couleurs.

Cette jolie brochure, avec le texte encadré en filets rouges, a été tirée à très petit nombre d'exemplaires non mis dans le commerce.

On doit encore à M. Alkan aîné un grand nombre d'articles, nécrologiques et autres, dans le *Journal de la Librairie*, depuis quarante-cinq ans ; dans toutes les Revues bibliographiques, dans le *Bulletin du Biblio-phile*, de Téchener ; dans le *Quérard*, dans le *Bulletin du Bouquiniste*, d'Aubry ; dans le *Journal de l'Instruction publique*, dans le *Courrier de la Librairie*, dans l'*Annuaire du Bibliophile*, dans *Le Chasseur bibliographe*, dans l'*Ami des livres*, dans la *Revue bibliographique*, dans le *Journal des Débats*, dans le *Siècle*, dans le *Moniteur universel*, dans le *Journal des Artistes*.

Il a rédigé des catalogues, des tables pour Silvestre, pour le *Bulletin du Bibliophile*.

Dans les *Miscellanées bibliographiques* de Rouveyre, où l'on peut lire, dans le n° 22 du 31 octobre 1879, sous le titre de *Documents pour servir à l'Histoire de la Librairie parisienne*, LE PÈRE GARNOT ET HÉBRARD, SON ASSOCIÉ.

Parmi les notices nécrologiques données par M. Alkan aîné, notamment dans le *Journal de la*

Librairie, nous citerons les noms suivants, dans leur ordre d'insertion : Crapelet, Vibert père, le comte de Clarac, Auguste Dupont, Motteley, Thonnelier, mécanicien ; Fessin, Henri Didot, le graveur, à soixante-quatre ans, du petit caractère microscopique qui a servi aux Maximes de La Rochefoucauld ; Jacques Charavay aîné, Silvestre, etc., etc.

LEPRINCE.

PIERRE ALAUZET.
15 juin 1816 — 21 janvier 1881.

PIERRE ALAUZET,

CONSTRUCTEUR MÉCANICIEN.

Pierre Alauzet, fondateur de la maison universelle-
ment connue pour la construction des presses typographiques, lithographiques et phototypiques, était
né à Agnac (Aveyron), le 15 juin 1816.

Fils d'un humble laboureur, cultivateur lui-même
jusqu'à l'âge de dix-huit ans, il abandonna les champs,
n'ayant reçu que peu ou pas d'instruction, pour suivre
une idée arrêtée : *devenir mécanicien.*

Il entra d'abord comme frappeur chez un forgeron auquel il demanda la faveur de s'exercer après les
heures de travail, pour devenir forgeron à son tour.
Ayant acquis l'habileté nécessaire, il se décida à voyager.

Il visita plusieurs villes du midi de la France, et occupait une place de forgeron à Marseille quand, appelé par
la conscription, il vint en garnison à Paris, qu'il ne quitta
plus.

Pendant les sept années qu'il passa sous les drapeaux,
il se fit admettre dans une compagnie d'ouvriers et parvint à se perfectionner dans l'art d'ajusteur mécanicien.

En quittant le service, il entra dans l'atelier de
M. Normand, constructeur de presses typographiques.
C'est là qu'il acquit la connaissance des presses à imprimer, en prévoyant déjà les transformations ou les
améliorations dont elles étaient susceptibles.

En 1846 il s'associa avec son beau-père, M. Gilli-
mann, mécanicien, et il commença à construire dans

son atelier l'outillage typographique et le matériel de
stéréotypie, mais ce n'était pas là son ambition : il voulait construire des machines typographiques.

Or, pour cela, il lui fallait plus d'instruction qu'il
n'en possédait, et pour l'acquérir Pierre Alauzet alla aux
écoles du soir, après son travail.

Un homme doué d'un caractère aussi énergique ne
pouvait que réussir.

La maison qu'il a créée de toutes pièces, était en pleine
prospérité quand la mort est venue l'enlever à l'affection de ses amis et de ses collaborateurs dévoués; il a
eu du moins la consolation de laisser une maison assise
sur des bases solides.

Honneur donc au travailleur, à l'humble fils du cultivateur, qui a su, par sa propre valeur, créer une des
premières maisons de construction de presses typographiques et lithographiques, et dont la réputation est
universelle.

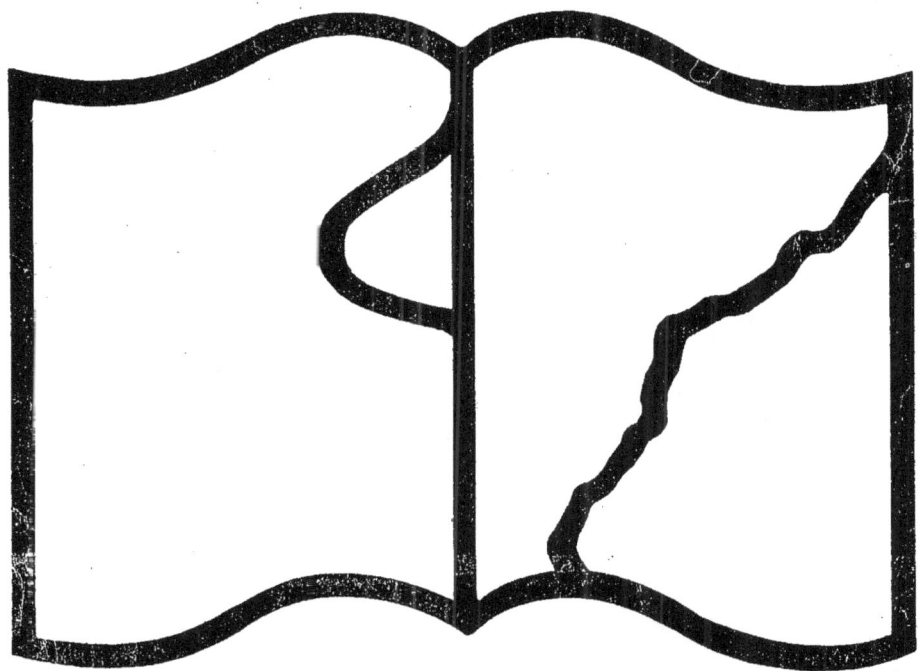

Texte détérioré — reliure défectueuse

NF Z 43-120-11

Contraste insuffisant

NF Z 43-120-14

www.ingramcontent.com/pod-product-compliance
Lightning Source LLC
Chambersburg PA
CBHW060603100426
42744CB00008B/1289